Christian Hohendanner, Jasmin Rocha, Joß Steinke
Vor dem Kollaps!? Beschäftigung im sozialen Sektor

Christian Hohendanner, Jasmin Rocha,
Joß Steinke

Vor dem Kollaps!? Beschäftigung im sozialen Sektor

Empirische Vermessung und Handlungsansätze

DE GRUYTER
OLDENBOURG

ISBN 978-3-11-074781-2
e-ISBN (PDF) 978-3-11-074802-4
e-ISBN (EPUB) 978-3-11-074814-7
DOI https://doi.org/10.1515/9783110748024

Library of Congress Control Number: 2023951286

Bibliografische Information der Deutschen Nationalbibliothek
Die Deutsche Nationalbibliothek verzeichnet diese Publikation in der Deutschen Nationalbibliografie;
detaillierte bibliografische Daten sind im Internet über http://dnb.dnb.de abrufbar.

Einbandabbildung: Orbon Alija/E+/Getty Images
Satz: Integra Software Services Pvt. Ltd.
Druck und Bindung: CPI books GmbH, Leck

www.degruyter.com

Danksagungen

Dieses Buchprojekt ist aus dem Wunsch entstanden, der Debatte um die Beschäftigung im sozialen Sektor eine empirische Grundlage zur Seite zu stellen. Die Kooperation zwischen Forschung und Praxis sollte dabei helfen, die Verbindungslinien zwischen allzu oft parallel verlaufenden Debatten nachzuzeichnen, um so die Expertisen beider Welten zu verbinden. Schlussendlich hat das Buchprojekt uns durch die Pandemie und den Ukrainekrieg länger begleitet, als wir uns eingangs vorgestellt hatten. So hat sich dann auch während des Schreibens die empirische Grundlage weiterentwickelt.

Bedanken möchten wir uns bei all denen, die uns bei diesem Projekt unterstützt und begleitet haben. So haben die Referentinnen und Referenten der DRK-Wohlfahrt mit ihren kritischen Reflexionen und ihrem Praxiswissen maßgeblich zu diesem Buch beigetragen. Besonders bedanken wir uns bei Jan-Niklas Mehler, Christian Hener, Sabine Urban, Niklas Muskulus, Laura Pfeiffer, Stefanie Roth, Tatjana Moser, Verena Werthmüller, Alexandra Hepp und Charlotte Giese für ihre wertvollen Einblicke und Einwürfe. Auch bedanken wir uns bei Franca Al Khouri, die uns unter anderem bei der Auswertung der qualitativen Expert:inneninterviews unterstützt hat.

Inhaltsverzeichnis

1 Zusammenhalt im Krisenzeitalter: Die Bedeutung des sozialen Sektors

Große Herausforderungen, Krisen und gravierende Veränderungen sind allgegenwärtig. Die Zuwanderung 2015, die auf allen Ebenen rasches Handeln und manchmal auch Improvisation erforderte, die Corona-Pandemie, die in den Jahren nach 2020 viele Ängste, Nöte und Probleme ausgelöst hat, das Hochwasser im Ahrtal im Jahr 2021 und der Krieg in der Ukraine, der erneut dazu führte, dass viele Menschen nach Deutschland geflüchtet sind – immer spielte der soziale Sektor eine herausragende Rolle bei der Bewältigung dieser Situationen. Es waren Menschen aus dem sozialen Sektor, die gemeinsam mit Ehrenamtlichen Unterkunftseinrichtungen aufgebaut und betrieben haben, die Impfkampagnen mit Leben gefüllt und Menschen unter schwierigsten Voraussetzungen weiter gepflegt und betreut haben, die Menschen im Ahrtal nach der Flut versorgt haben und die Geflüchtete aus der Ukraine mit Behinderungen in Einrichtungen aufgenommen und begleitet haben. In Krisen fällt dieser Sektor auf, ist Gegenstand von Berichterstattung. In solchen Situationen mangelt es nicht an öffentlichen Statements, die Wertschätzung zum Ausdruck bringen sollen. Es fällt auf, dass anerkennend gemeinte Gesten häufig nicht wertschätzend ankommen. Beispielhaft sind die missglückten Gehaltsbonusaktionen für die Bekämpfung der Corona-Pandemie auf Bundes- und Landesebene. Eine Prämie für die Pflegekräfte sollte eine Anerkennung für die Leistungen in der Corona-Pandemie sein, eine Milliarde Euro stand für eine solche Aktion im Jahr 2022 bereit. Sie stand von Beginn an hinsichtlich Höhe, Ansatz und Zielgruppen in der Kritik. Zudem kam die Zahlung bei vielen Pflegekräften gar nicht an. Der Bundesrechnungshof stellte laut Medienberichten erhebliche Mängel fest (SZ Online, 14. September 2022). Was als Zeichen der Wertschätzung gedacht war, kam vielfach als das Gegenteil an und hat Berufsgruppen eher gespalten als zusammengeführt.

Diese Art der unmittelbaren Wertschätzung misslingt auch deswegen häufig, weil die Menschen im sozialen Sektor in ihrem Alltag und mit ihren täglichen Leistungen wahrgenommen und mit ihren Anliegen ernst genommen werden möchten. Die Frage nach Beschäftigung, der Gestaltung von Arbeitsplätzen sowie die Sorge um den akuten Arbeitskräftemangel – also inwieweit sie künftig noch darauf bauen können, dass sie Kolleg:innen haben und finden – ist dabei für die Beschäftigten im sozialen Sektor zentral. Der wesentliche Antrieb zum Schreiben dieses Buches war es, empirische Befunde anzubieten und Handlungsansätze aufzuzeigen. Unser Team vereint drei Perspektiven: Die der quantitativen Sozialwissenschaft, die der Praxis und letztlich eine politische Perspektive. In der Kombination sollte ein anwendungsorientierter wissenschaftlicher Beitrag entstehen. Dass die Gesamtsicht ernüchternd ist, sei an dieser Stelle vorweggeschickt.

Nicht zuletzt entspringt dieses Buch der Sorge, dass Politik und Gesellschaft in den (sicher) kommenden Krisen möglicherweise nicht mehr so selbstverständlich auf die Strukturen des sozialen Sektors zurückgreifen können. Wünschenswert wäre es, wenn die Studie dazu beitragen kann, die Debatten zur Beschäftigung im sozialen Sektor nicht nur mit empirischen Befunden zu bereichern, sondern grundsätzlich zu verändern. „Arbeitskräftemangel" im sozialen Sektor wird problematisiert, jedoch in aller Regel ausschließlich im Hinblick auf ausgewählte Arbeitsfelder. Hier ist vor allem die Pflege zu nennen. Dass viele weitere gesellschaftlich unverzichtbare Berufs- und Tätigkeitsfelder ebenfalls betroffen sind, scheint häufig noch nicht angekommen zu sein. Allzu oft erschöpft sich die Debatte zudem in der lapidaren Feststellung, dass Löhne steigen müssen. So wird die Diskussion für den sozialen und gesundheitsbezogenen Sektor nach dem gleichen Muster geführt wie in allen Branchen. Dabei gibt es hier einige Besonderheiten zu beachten, sowohl im Hinblick auf die grundlegende Beschaffenheit als auch – und diesen Aspekt rücken wir besonders in den Vordergrund – im Hinblick auf qualitative Ansatzpunkte bei der Beschäftigung. Wer diese Studie gelesen hat, dürfte – das wünschen wir uns – für die Diskussionen um die Zukunft des sozialen Sektors besser gewappnet sein.

In diesem Sinne soll ein Beitrag dazu geleistet werden, die „Datenschwäche" des Sektors abzubauen. An Umfragen, Studien und Vorträgen fehlt es nicht. An systematischen Auswertungen zum Thema Beschäftigung jedoch sehr wohl. Wir zeigen, dass mit vorhandenen Verwaltungsdaten und repräsentativen „Großbefragungen" sowohl belastbare Vermessungen des Sektors als auch vertiefte Einblicke zur Entwicklung der Beschäftigungsqualität möglich sind. Weitere Studien können darauf aufsetzen und diese und weitere vorhandene Daten für vertiefte Auswertungen und Analysen nutzen. Eigene Datenerhebungen von Verbänden, Beratungsunternehmen, Hochschulen, Berufsgenossenschaften oder Banken sind häufig unnötig und angesichts limitierter Ressourcen oft nicht sinnvoll. Meist sind sie auf ein spezifisches Thema begrenzt, lassen keinen Vergleich mit anderen Sektoren oder Berufen zu und die statistischen Analysemöglichkeiten sind angesichts geringer Fallzahlen beschränkt. Dies scheint in der Fachszene noch nicht überall bekannt zu sein, Einrichtungsleitungen des Sektors verzeichnen jedenfalls immer mehr und immer neue Umfragen und beklagen bereits einen Zustand des „Überforschtseins". Darunter leiden Rücklaufquoten und Datenqualität. Vielleicht können wir mit unserer Darstellung etwas dazu beitragen, die Herangehensweise bei zukünftigen Analysen zum sozialen Sektor in Richtung einer Priorisierung bestehender großangelegter Verwaltungs- und Befragungsdaten zu verändern. Weniger Befragen ist manchmal mehr.

Beschäftigung steht im Mittelpunkt dieses Buchs. Dabei geht es stets um Leistungen, die von herausragender Bedeutung für die Gesellschaft sind. Denn soziale Fürsorge ist immer Beziehungsarbeit – zwischen Menschen. Weil Menschen die Hauptressource des sozialen Sektors sind, spielen Beschäftigung und vor allem ihre Qualität eine zentrale Rolle. Das heißt, dass es bei der Frage nach Beschäftigung im sozialen Sektor immer um große Fragen geht – um gesellschaftliche Daseinsvorsorge, die Betreuung und Pflege derjenigen, die unmittelbare und zum Teil dringende Hilfe benötigen oder etwa die Grundbildung der Kinder, die so zentral für den weiteren Lebensverlauf ist. Wenn Paketbestellungen im Konsumbereich zwei Tage später geliefert werden oder die Abläufe in Restaurants nicht so reibungslos laufen wie gewünscht, weil Personalmangel besteht, dürfte das aus gesellschaftspolitischer Sicht als weniger dramatisch bewertet werden. Wenn hingegen Pflegebedürftige aus Mangel an Personal zu selten zu trinken bekommen oder Kinder keine gezielte Bildung und Betreuung erhalten, dann ist das, zumindest für die Betroffenen, fatal. Die Journalistin Teresa Bücker bringt dies treffend auf den Punkt: „Ohne dass Menschen sich umeinander kümmern, funktioniert [...] der Alltag nicht. Eine professionelle Fürsorge für diejenigen, die sich nicht um sich selbst kümmern können, kann keinen einzigen Tag pausiert werden." (Bücker, 2020, S. 5)

Diese Studie konzentriert sich auf abhängige Beschäftigung. Dass damit nur ein Teil dessen abgebildet wird, was an Sorgearbeit, Beratung, Begleitung und Hilfe geleistet wird, sei zumindest erwähnt. Nicht explizit in den Blick genommen wird die Sorgearbeit, die in privaten Haushalten geleistet wird. An dieser Stelle sei darauf verwiesen, dass ein wesentlicher Teil der Leistungen, die heute im sozialen Sektor professionell erbracht werden, insbesondere in der Bundesrepublik lange in erster Linie die Angelegenheit privater Haushalte war und in aller Regel von Frauen übernommen wurde. Professionelle Angebote waren eher begleitend konzipiert (Blank, 2017). Dass der soziale Sektor sehr eng mit der Erhöhung der Erwerbsbeteiligung von Frauen verknüpft ist, sei hier bereits herausgestellt.

Ebenfalls von hoher Bedeutung – aber nicht explizit Gegenstand dieser Studie – ist die organisierte Arbeit durch ehrenamtlich Engagierte als zentraler Bestandteil vor allem der gemeinnützigen Leistungserbringung (Bode, 2018; Bode, 2014). Gleiches gilt für Freiwillige, die etwa im Rahmen des Freiwilligen Sozialen Jahres oder des Bundesfreiwilligendienstes die Arbeit in den sozialen Diensten und Einrichtungen unterstützen. Andere Spielarten, wie zum Beispiel der agenturgetriebene Markt mit Pflegenden insbesondere aus Osteuropa in Privathaushalten (Aulenbacher, Dammayr und Riegraf, 2018), betrachtet diese Studie ebenfalls nicht systematisch. Auch hier sind Querverweise unverkennbar. Denn ob es beispielsweise gelingen kann, Schwarzarbeit und im Graubereich agierende Agenturen einzudämmen, ist eng verbunden mit der Ausgestaltung des sozialen Sektors. Bestehen ausreichend gute Angebote, die auf regulärer Beschäftigung beruhen, suchen weniger Menschen Alternativen im Graubereich.

2 Der soziale Sektor: Begriff, Bedeutung, Abgrenzung

Diese Studie rückt den ‚sozialen Sektor' als Ganzes in den Mittelpunkt. Der Begriff umfasst sämtliche Angebote, Dienste und Einrichtungen aus den Arbeitsfeldern der Altenhilfe und Pflege, der Behindertenhilfe, der Kinder-, Jugend- und Familienhilfe, Gesundheit, Teilhabe, soziale Beratung und Versorgung von Menschen in schwierigen Lebenssituationen sowie Migration und Flucht. Im Verlauf des Kapitels skizzieren wir exemplarisch einzelne Arbeitsfelder, um den Sektor greifbar zu machen (siehe farblich abgesetzte Kästen). Der weite Begriff des sozialen Sektors wurde gewählt, weil er umfassend und neutral ist. In diesem Abschnitt soll zunächst das Wirrwarr an Begriffen beleuchtet werden – als Beitrag zu einer besseren Strukturierung der Debatte. Im Anschluss daran wird der soziale Sektor empirisch abgegrenzt.

Hauptamtliche Altenhilfe	
Zielgruppe	Rund 5 Mio. Pflegebedürftige (von denen der überwiegende Anteil von Angehörigen gepflegt wird)
Quantitative Bedeutung	Rund 15.000 ambulante Pflegedienste, 16.000 Pflegeheime, die teilstationäre Pflege (also nur nachts oder tagsüber) sowie vollstationäre Pflege anbieten.
Arbeitsmarkt	Rund 1,25 Mio. Pflege- und Betreuungskräfte (2021)
Fachliche Anforderungen	Pflegefachkräfte, die in der Regel eine mindestens dreijährige Ausbildung absolviert haben, sollten mindestens 50% des Personals in einer Pflegeeinrichtung ausmachen.
Finanzierung	Leistungen werden in der Regel über die Pflegeversicherung finanziert, die allerdings, je nach Grad der Pflegebedürftigkeit (Pflegegrad), nur einen Teil der Kosten übernimmt. Der Rest muss durch die Pflegebedürftigen bzw. deren Angehörige gezahlt werden. Wenn Einkommen und Vermögen nicht ausreichen, um den Eigenanteil zu decken, haben Pflegebedürftige einen Anspruch auf Hilfe zur Pflege durch den Sozialhilfeträger.
Sonstiges	Die Altenpflege ist ein Teilgebiet der Altenhilfe, die auch die nichtpflegerische Sorge um alte Menschen umfasst. Im Rahmen der offenen Altenhilfe gibt es eine Vielzahl von niedrigschwelligen Angeboten, etwa Tagesbegleitung oder Nachbarschaftshilfe, die mehrheitlich ehrenamtlich getragen werden und in der Regel keine fachspezifischen Qualifikationen erfordern.

(vgl. Statistisches Bundesamt, 2020; Statistisches Bundesamt, 2022a)

https://doi.org/10.1515/9783110748024-002

2.1 Ein Wirrwarr an Begriffen und Debatten versperrt die Sicht – ein Entflechtungsversuch

In den wissenschaftlichen, fachpraktischen und öffentlichen Diskursen werden für die Bezeichnung der Arbeitsfelder des sozialen Sektors unterschiedliche Begriffe verwendet: Care-Sektor, Sozialwirtschaft, Sozialwesen, soziale Infrastruktur, soziale Dienste, Wohlfahrtssektor, Dritter Sektor sind gängige Beispiele. Hinter den Begriffen liegen jeweils ganz unterschiedliche Diskurse (Evers, Heinze und Olk, 2011). Die im Folgenden lediglich kursorisch beschriebenen Begriffe können diese Diskurse allerhöchstens andeuten. Hier geht es darum, einen Überblick zu generieren und den Wirrwarr an Begriffen und Debatten zu entflechten. Damit wäre die Sicht auf die Beschäftigungssituation in einem sozialpolitisch, ökonomisch und beschäftigungspolitisch überaus bedeutsamen Sektor frei.

Sorge und Care

Die eng zusammenhängenden Begriffe Care-Sektor, Care-Arbeit oder Sorgearbeit umfassen auch die private Care-Arbeit. Der Begriff Care stammt aus dem Englischen und schließt Tätigkeiten des Pflegens, Sorgens und sich Kümmerns ein. In der Debatte wird insbesondere die Abgrenzung zwischen professioneller und privater Care-Arbeit in den Blick genommen. Die Care-Diskussion hat eine feministische Perspektive und lenkt das Augenmerk auf das jeweils gesellschaftlich zugrunde gelegte Familienmodell (Ostner, 2011; Aulenbacher, Dammayr und Riegraf, 2018). Ein weiterer bedeutender Strang thematisiert die Arbeitsteilung in der Familie und die im Vergleich zu anderen (männlich dominierten) Berufsgruppen geringere Bezahlung der professionellen Care-Arbeit (Bücker, 2020). Im Mittelpunkt der Betrachtung stehen vor allem Pflege und Erziehung; viele Angebote, die unter die hier gewählte Definition des sozialen Sektors fallen, etwa Angebote der sozialen Arbeit in der Schulsozialpädagogik oder für Obdachlose, sind hier nicht erfasst.

Kindertagesbetreuung

Zielgruppe	Über 3 Mio. Kinder von 0 bis 6 Jahren und ihre Familien
Quantitative Bedeutung	Etwa ein Drittel der 0–3-Jährigen (durchschnittlich mehr in den neuen als in den alten Bundesländern) wird in knapp 60.000 Einrichtungen betreut. Bei den 3–6-Jährigen sind es über 90%. Etwas unter 40% der Kindertageseinrichtungen deutschlandweit bieten integrative Betreuung oder eine Betreuung für behinderte Kinder.
Arbeitsmarkt	841.838 Beschäftige (2022)
Fachliche Anforderungen	Mehrheitlich ausgebildete Erzieher:innen

Finanzierung	Die Finanzierung richtet sich nach Landesrecht, so dass zur Verfügung stehende Personal- und Materialmittel ebenso wie die Qualität der Betreuung regional stark variieren. Die anteilige Aufteilung der Kosten zwischen Bund, Land, Kommune, Eltern und Träger fällt unterschiedlich aus. In einigen Bundesländern ist die Kinderbetreuung für Eltern kostenfrei.
Sonstiges	Trotz des Rechtsanspruches auf einen Betreuungsplatz ab dem vollendeten 1. Lebensjahr konnte, insbesondere in Westdeutschland, 2021 etwa jedem zehnten Kind kein Betreuungsangebot gemacht werden. Um den bestehenden Bedarf zu decken, müssten schätzungsweise 100.000 zusätzliche Fachkräfte gefunden werden. Mit dem ab 2026 geltenden Rechtsanspruch auf Ganztagsbetreuung für alle Kinder in der Grundschule wird der Bedarf noch einmal drastisch steigen.

(Statistisches Bundesamt, 21. Oktober 2022a; Statistisches Bundesamt, 21. Oktober 2022b; Statistisches Bundesamt, 2021c)

Soziale Infrastruktur

Der Begriff ‚Soziale Infrastruktur' wird vielfach in der politischen Diskussion und in der Verwaltung verwendet. In den Debatten um die zur Abfederung der Corona-Pandemie gespannten politischen Schutzschirme im Jahr 2020 wurde er beispielsweise im Zusammenhang mit dem Sozialdienstleister-Einsatzgesetz[1] gewählt, auch um die Unverzichtbarkeit der damit angesprochenen Arbeitsfelder und Tätigkeiten hervorzuheben (BMAS, 2020). In der kommunalen Debatte wird der Begriff hingegen häufig als Teil der Daseinsvorsorge und soziales Pendant zur technischen Infrastruktur verwendet. Er umfasst in diesem Sinne jedoch neben sozialen Hilfen und Diensten auch Schulen, Sportstätten, Einkaufszentren und Kultureinrichtungen (Duden Wirtschaft von A bis Z, 2016). Wegen dieser sehr breiten Diskussion – und damit einhergehenden Abgrenzungsproblemen zum Beispiel zu Einrichtungen wie Bibliotheken, Volkshochschulen – wurde er in diesem Buch nicht gewählt.

---

1 Das Sozialdienstleister-Einsatzgesetz (SodEG) ist als Reaktion auf die Corona-Pandemie entstanden und sollte die soziale Infrastruktur im Ganzen sichern. Die Bundesregierung hat mit dem Gesetz auf Betreuungsverbote, Schließungen und Belegungsrückgänge in Kitas, Einrichtungen der Kinder- und Jugendhilfe, Werkstätten für Menschen mit Behinderungen und vielen anderen Einrichtungstypen reagiert. Am 27. März 2020 wurde es vom Deutschen Bundestag verabschiedet und im Anschluss mehrfach verlängert.

Soziale Dienste

Soziale Dienste werden als maßgeblicher Bestandteil der Sozialpolitik analog zu den materiellen Sicherungssystemen betrachtet. Dabei geht es um aktive Interventionen zur „Verbesserung des Status und der Handlungsfähigkeit von Personen" (Hartmann, 2011, S. 79). Betont wird zudem eine Herauslösung aus dem privaten und familiären Kontext und eine an ihre Stelle tretende staatliche Regelung. „Sozial" sind die Dienstleistungen dann, wenn sie Teil des Sozialstaats und in diesem Sinne im öffentlichen Interesse sind (Evers, Heinze und Olk, 2011). Diesem Begriff ist eine Abgrenzung von anderen ähnlich verfassten Branchen wie Gesundheit und Bildung inhärent (ebd.).

In diesem Band haben wir vorrangig eine sektorale Betrachtung gewählt und so auch Tätigkeiten der Unternehmensorganisation oder Hausmeisterdienste einbezogen, die für die Erbringung sozialer Dienste unabdingbar sind. Sie gehören zum sozialen Sektor, nicht jedoch zwingend zu den sozialen Diensten. Auch mit Blick auf die theoretische Herleitung erscheint der Begriff nicht stimmig: Das Abgrenzungsmerkmal von Dienstleistungen als „Nicht-Stofflichkeit der Leistung", die sich „nicht in einem physischen Produkt materialisiert" ist beispielsweise nicht durchgehend anwendbar (Merchel, 2011; Berger und Offe, 1980, S. 43). Schließlich sind „stoffliche Leistungen" – etwa in Werkstätten für Menschen mit Behinderungen – durchaus geläufig. Letztlich bleibt der Dienstbegriff unpräzise und trägt darüber hinaus die Gefahr einer konnotativen Abwertung als dienend und untergeordnet gegenüber ‚produktiven' Tätigkeiten in sich. Oder anders formuliert: Er ist dazu geeignet, die sozialen Berufe vorrangig als vorgelagerte Unterstützung für Industrie und Gewerbe zu betrachten.

Dritter Sektor

Der ‚Dritte Sektor' bezieht sich auf die Abgrenzung des Sektors vom Markt einerseits und vom Staat andererseits und betont sein nicht vorhandenes Gewinnstreben. Der Dritte Sektor bietet in einer eigenen funktionalen und sozialen Logik (ohne Gewinnorientierung und nicht als öffentliche Einrichtungen) gesellschaftliche Leistungen für den gesellschaftlichen Zusammenhalt (Merchel, 2011). Der Dritte Sektor weist über den sozialen Sektor weit hinaus und umfasst zum Beispiel auch Vereine in Sport, Kultur oder Organisationen der Zivilgesellschaft (Zimmer und Simsa, 2014). Abgesehen davon ist der Begriff auch deswegen nicht geeignet, weil ein bedeutender Teil der Tätigkeiten im sozialen Sektor privatwirtschaftlich mit der Absicht auf Gewinnerzielung erbracht wird, etwa von gewerblichen Pflegediensten.

Sozialwirtschaft

Der Begriff Sozialwirtschaft legt den Fokus auf die betriebswirtschaftliche Erbringung von Dienstleistungen. Er bringt zudem zum Ausdruck, dass die Angebote in den Arbeitsfeldern ökonomisch erfolgreich sein können und volkswirtschaftlich relevant sind. Es wird ebenso argumentiert, dass der Wirtschaftsbegriff selbst nicht zwingend als Vermarktlichung interpretiert werden muss und Wirtschaft im Sinne einer Bedarfsbefriedigung interpretiert werden kann und sollte (Wendt, 2014). Es ist jedoch fraglich, inwieweit dieser Gedanke tatsächlich in den Debatten zum Tragen kommt. Zu konstatieren ist, dass der Begriff sich sehr weitgehend durchsetzt und vielfach auch die Selbstzuschreibung der Träger und Dienste dominiert. Der Begriff unterschlägt aber, dass die quantitative und qualitative Ausgestaltung sozialer Hilfen und Angebote sowie die Rahmenbedingungen für Beschäftigung stets staatlichen Steuerungsimpulsen folgt. In seiner begrifflichen Konnotation trägt der Begriff der Sozialwirtschaft den normativen Ansatz einer marktgetriebenen durchökonomisierten Leistungserbringung in sich.

Kinder- und Jugendhilfe

Zielgruppe	13,86 Mio. Kinder und Jugendliche (unter 18 Jahre) sowie etwa 8,25 Mio. Familien mit minderjährigen Kindern
Quantitative Bedeutung	38.785 Einrichtungen (ohne Kitas)
Arbeitsmarkt	Rund 300.000 Mitarbeitende (ohne Kitas)
Fachliche Anforderungen	V. a. ausgebildete Erzieher:innen sowie Sozialarbeiter:innen und Sozialpädagog:innen.
Finanzierung	Erfolgt in erster Linie durch sozialrechtliche Leistungsentgelte (auf der Basis von Leistungsverträgen). Verantwortlich sind die Kommunen.
Sonstiges	Die „Hilfen zur Erziehung" machen den größten Teil aus. Hier reichen die Leistungen von Beratung bis hin zu Heimerziehung.

(vgl. Statistisches Bundesamt, 2022b)

Wohlfahrtssektor

Wohlfahrtssektor oder Wohlfahrt ist ein historischer Begriff, der – so kommentiert es Schmid – auf „vormoderne Versorgungssysteme" verweist und heute zuweilen eher negativ assoziiert wird (Schmid, 2011, S. 117). Er ist in jedem Fall begrifflich eng mit der gemeinnützigen Freien Wohlfahrtspflege verbunden, deren Verbände – die Arbeiterwohlfahrt, der Deutsche Caritasverband, das Deutsche Rote Kreuz, der Paritätische Gesamtverband, die Diakonie Deutschland und die Zentralwohlfahrtsstelle der Juden in Deutschland – heute noch flächendeckend einen großen Teil der Leistungen anbieten. Allerdings sind viele Felder von einer Zunahme an gewerblichen Angeboten gekennzeichnet: Die Hintergründe werden im vierten Kapitel dieses Buches näher ausgeführt. In jedem Fall erscheint dieser Begriff heute nicht mehr adäquat.

Je nachdem, welche Begriffe genutzt werden, sind unterschiedliche Tätigkeiten und Berufsgruppen eingeschlossen und zusammengefasst, so dass Vergleiche zwischen unterschiedlichen Studien schwierig werden. Die Diagnose von Karl-Heinz Boeßenecker und Michael Vilain bleibt daher auch heute noch korrekt: „Im sozialen Sektor bestehen zahlreiche Statistiken, die oft nur unvollständig sind und deren Systematiken allenfalls bedingt vergleichbar sind." (Boeßenecker und Vilain, 2013, S. 49) Der soziale Sektor, wie er im nächsten Abschnitt dieses Buchs definiert und statistisch abgegrenzt wird, kann möglicherweise die Grundlage dafür sein, diese Lücke zu schließen. Gleichwohl – und das werden wir im folgenden Kapitel näher darlegen – müssen auch die in diesem Buch gewählten statistischen Abgrenzungen auf die bestehenden Wirtschaftszweig- und/oder Berufsklassifikationen zurückgreifen, die in ihren Kombinationen immer nur ein mehr oder weniger genaues Abbild des sozialen Sektors bieten können.

2.2 Der soziale Sektor – ein Vorschlag zur empirischen Abgrenzung

Mit dem Begriff des sozialen Sektors geht es uns darum, möglichst weite Teile dessen zu umfassen, was an hauptamtlicher Tätigkeit in regulären Arbeitsverhältnissen geleistet wird. Die Beschäftigung im sozialen Sektor empirisch zu erfassen, erfordert zunächst eine klare Abgrenzung und Definition des Gegenstandsbereichs, der untersucht werden soll. Das klingt selbstverständlich, ist aber bei näherem Hinsehen selten trivial und nicht immer vollständig einlösbar. Es stellt sich die Frage, welche Organisationen, Betriebe, Berufe oder Tätigkeiten in der Analyse des sozialen Sektors berücksichtigt werden sollen und welche nicht. Die hier gewählte Klassifikationsgrundlage ist zunächst die Wirtschaftszweigklassifikation 2008 (WZ08) des Statistischen Bundesamts. Inhaltlicher Ausgangspunkt sind die zentralen Funktionen des sozialen Sektors – Hilfen in sozialen Problemlagen und Sorgearbeit (Betreuen, Pflegen, Erziehen, Versorgen und Zuwenden). Diese zentralen Funktionen werden der WZ08-Klassifikation folgend überwiegend in den Wirtschaftszweigen 87 und 88 „Sozialwesen"[2] sowie im Wirtschaftszweig 851 „Kindergärten, Vorklassen und Schulkindergärten"[3] erbracht. Diese Wirtschaftszweige werden in unserer Abgrenzung zum sozialen Sektor zusammengefasst. Um Sorgearbeit zu leisten und in sozialen

---

2 87100: Pflegeheime; 87200: Stationäre Einrichtungen zur psychosozialen Betreuung, Suchtbekämpfung u. Ä.; 87300: Altenheime; Alten- und Behindertenwohnheime; 87900: Sonstige Heime (ohne Erholungs- und Ferienheime); 88101: Ambulante soziale Dienste; 88102: Sonstige soziale Betreuung älterer Menschen und Behinderter; 88910: Tagesbetreuung von Kindern; 88990: Sonstiges Sozialwesen a. n. g.
3 85101: Kindergärten; 85102: Vorklassen, Schulkindergärten.

Problemlagen zu helfen, werden in den jeweiligen Organisationen eine Reihe von Berufen und Beschäftigten benötigt, die nicht direkt mit sozialen Hilfen und der Pflege am Menschen betraut sind (Abbildung 1). Dazu zählen Hausmeistertätigkeiten, Tätigkeiten in der Unternehmensorganisation (Buchführung, Verwaltung etc.), Hauswirtschaft und vieles mehr. Auch diese Beschäftigten werden in der sektoralen Betrachtung in Abgrenzung zu einer rein berufsfachlichen Darstellung einbezogen. Zuordnungsschwierigkeiten ergeben sich vor allem gegenüber dem Gesundheitswesen (Krankenpflege als gesundheitsbezogene oder pflegerische Tätigkeit?) und dem Bereich Erziehung und Unterricht (Kindererziehung/-pflege als Betreuungs- oder Bildungsarbeit?). In der sektoralen Betrachtung auf Basis der WZ08 werden Beschäftigte mit dem Beruf Krankenpfleger:in, die in Organisationen des Sozialwesens – etwa in der stationären Pflege – arbeiten, dem sozialen Sektor zugeordnet, während berufsmäßige Altenpfleger:innen, die in einem Krankenhaus arbeiten, dem Gesundheitssektor zugeschlagen werden[4].

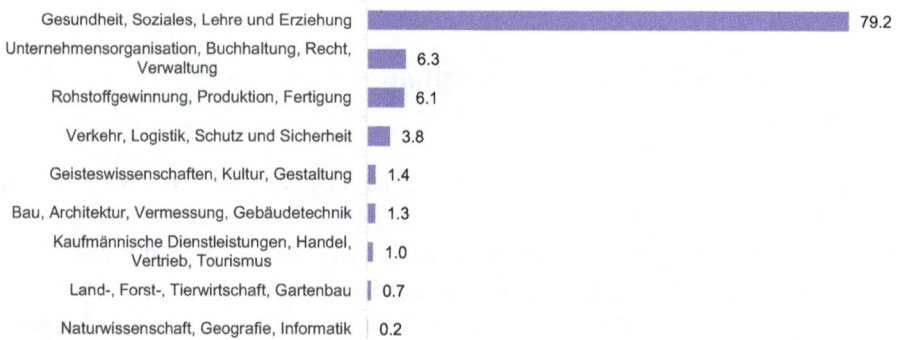

Gesundheit, Soziales, Lehre und Erziehung	79.2
Unternehmensorganisation, Buchhaltung, Recht, Verwaltung	6.3
Rohstoffgewinnung, Produktion, Fertigung	6.1
Verkehr, Logistik, Schutz und Sicherheit	3.8
Geisteswissenschaften, Kultur, Gestaltung	1.4
Bau, Architektur, Vermessung, Gebäudetechnik	1.3
Kaufmännische Dienstleistungen, Handel, Vertrieb, Tourismus	1.0
Land-, Forst-, Tierwirtschaft, Gartenbau	0.7
Naturwissenschaft, Geografie, Informatik	0.2

Abbildung 1: Berufshauptgruppen im sozialen Sektor im Jahr 2021.
Quelle: Eigene Zusammenstellung aus DataWarehouse der Bundesagentur für Arbeit; Sozialversicherungspflichtig Beschäftigte im sozialen Sektor nach den zehn Berufshauptgruppen der KLDB2010.

Der soziale Sektor: Berufe und Branchen im Zusammenspiel

Einen differenzierten Aufschluss über die Entwicklungen der Beschäftigung im sozialen Sektor gibt die kombinierte Betrachtung der administrativen Beschäftigtendaten nach der Wirtschaftszweigklassifikation des Statistischen Bundesamtes und der Klassifikation der Berufe (KldB 2010) der Bundesagentur für Arbeit. Mit einer solchen Dar-

---

4 Wir haben die Gruppe der Ärzt:innen bewusst aus unseren Betrachtungen ausgeschlossen, da die Rahmenbedingungen und die gesellschaftliche Wahrnehmung dieser Berufsgruppe sich deutlich von den oben skizzierten Gruppen unterscheiden und damit die Analysen stark verzerren würden.

stellung ist es möglich, die quantitative Bedeutung und Entwicklung der einzelnen (sozialen) Berufe innerhalb und außerhalb des sozialen Sektors darzustellen.

Innerhalb des sozialen Sektors ist laut administrativer Daten der Bundesagentur für Arbeit die größte Beschäftigungsgruppe in der Kinderbetreuung und –erziehung tätig (Abbildung 2). Erzieher:innen arbeiten vor allem in der Kindertagesbetreuung. Die Altenpflege steht innerhalb des sozialen Sektors zahlenmäßig an zweiter Stelle, gefolgt von der Gesundheits- und Krankenpflege. Innerhalb der Beschäftigtengruppen kennt die Klassifikation der Berufe eine Vielzahl unterschiedlicher Tätigkeiten. Die Berufsgruppe „Gesundheits-/Krankenpflege, Rettungsdienst, Geburtshilfe" etwa unterteilt sich in über 50 berufliche Untergruppen in stationären und ambulanten Versorgungssettings.[5] Die Diversität der Berufe in der Altenpflege ist geringer. Aber auch hier bestehen neben Helfer- und Anlerntätigkeiten (zum Beispiel als Altenpflegehelfer/in oder als Krankenpflegehelfer/in – Altenpflege) fachlich ausgerichtete und komplexe Spezialist:innentätigkeiten.

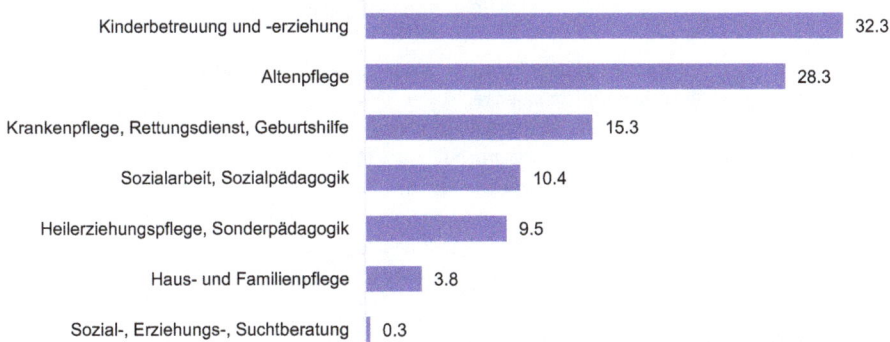

Abbildung 2: Sozial- und Gesundheitsberufe innerhalb des sozialen Sektors im Jahr 2021. Quelle: Eigene Zusammenstellung aus dem DataWarehouse der Bundesagentur für Arbeit; Verteilung der sozialversicherungspflichtig Beschäftigten der Sozial- und Gesundheitsberufe („Gesundheits-/Krankenpflege, Rettungsdienste, Geburtshilfe"; „Altenpflege" sowie „Erziehung, Sozialarbeit, Heilerziehungspflege") im sozialen Sektor. Die Werte addieren sich aufgrund von Rundungen nicht genau auf 100 Prozent.

---

5 Dazu gehören zehn Berufe in der Gesundheits- und Krankenpflege ohne Spezialisierung, neun Berufe in der Fachkrankenpflege und zehn in der Fachkinderkrankenpflege, vier Berufe in der operations- und medizintechnischen Assistenz, acht Berufe im Rettungsdienst, drei Berufe in der Geburtshilfe und Entbindungspflege, acht Berufe in der Kategorie der Aufsichts- und Führungskräfte sowie vier sonstige Berufe in der Gesundheits- und Krankenpflege.

Innerhalb der Gruppe der Sozial- und Gesundheitsberufe im sozialen Sektor bilden die Beschäftigten in der Sozialarbeit und Sozialpädagogik sowie Heilerziehungspflege und Sonderpädagogik mit jeweils knapp zehn Prozent zusammen die dritte große Berufsgruppe innerhalb des sozialen Sektors. Das Feld der Sozialarbeit ist ausgesprochen breit und umfasst neben verschiedensten Beratungsangeboten für Menschen in besonderen sozialen Lebenslagen zum Beispiel die Schulsozialarbeit und die offene Jugendhilfe (siehe ausführliche Darstellungen in den farblich abgehobenen Kästen in diesem Kapitel). Heilerziehungspflegende sind vor allem in der Behindertenhilfe beschäftigt. Allerdings sind die Übergänge zwischen den einzelnen Tätigkeitsfeldern fließend. So arbeiten Erzieher:innen auch in Einrichtungen der offenen Jugendhilfe, Heilerziehungspflegende sind in Kindertageseinrichtungen im Inklusionsbereich tätig. Insgesamt kennt die Klassifikation der Berufe 60 unterschiedliche soziale Berufe.

Behindertenhilfe

Zielgruppe	Mehr als zehn Millionen Menschen mit einer amtlich anerkannten Behinderung (in einem Privathaushalt, Behinderung von mind. 50%, 2019), davon rund 80% mit einer Schwerbehinderung. 3 von 4 behinderten Menschen sind 55 Jahre und älter.
Quantitative Bedeutung	2019 waren 346.000 Personen in Werkstätten für behinderte Menschen und ähnlichen Einrichtungen registriert.
Arbeitsmarkt	2019 waren 52.000 Beschäftigte ohne Behinderung registriert, die z. B. Aufgaben in der Erziehung, Sozialarbeit und Heilerziehungspflege ausübten.
Fachliche Anforderungen	In der Behindertenhilfe arbeiten mehrheitlich ausgebildete Heilerziehungspfleger:innen und Heilpädagog:innen. In Werkstätten für behinderte Menschen arbeiten zudem Handwerksmeister:innen verschiedener Fachrichtungen, die über notwendige sozialpädagogische Zusatzausbildungen verfügen.
Finanzierung	Die Finanzierung der Behindertenhilfe ist bundesgesetzlich geregelt. Die jeweiligen Kostenbestandteile von Leistungen unterliegen jedoch der Aushandlung von sozialen Trägern und den jeweiligen Bundesländern.
Sonstiges	Menschen mit Behinderungen nehmen insgesamt seltener am Erwerbsleben teil als Menschen ohne Behinderung. 2021 waren in der Altersgruppe 15–64 Jahre 57 % der Menschen mit Behinderung berufstätig oder suchten nach einer Tätigkeit gegenüber 82% nichtbehinderter Menschen.

(Statistisches Bundesamt, 2021a)

Zusammenfassend stehen in diesem Buch neben dem sozialen Sektor als Ganzes die drei größten im Sektor tätigen Berufsgruppen im Fokus: erstens die Berufsgruppen der Altenpflege, zweitens Erziehende, Sozialarbeitende und Heilerziehungspflegende im Sozialwesen sowie drittens Beschäftigte in der Gesundheits- und Krankenpflege, im Rettungsdienst und in der Geburtshilfe. Die drei Berufsgruppen enthalten insgesamt über 100 spezifische Berufsgattungen mit sehr unterschiedlichen Aufgaben und Qualifikationsniveaus (vgl. Bundesagentur für Arbeit, 2020). Die Klassifikation der Berufe kennt insgesamt beinahe 1.300 unterschiedliche Berufsgattungen. Insofern bildet die vorliegende Betrachtung mit fast 10 Prozent aller Berufsgattungen einen bedeutenden Teil der Tätigkeiten am deutschen Arbeitsmarkt ab. In den hier zu drei großen Hauptgruppen aggregierten Berufen sind Beschäftigte in einfachen und angelernten Tätigkeiten wie auch in fachlich ausgerichteten und komplexen (Leitungs-) Tätigkeiten zusammengefasst.

Suchtberatung

Zielgruppe	Hochrechnungen auf Basis empirischer Studien zufolge sind in Deutschland 1,6 Mio. Menschen alkoholabhängig, mehr als 2 Mio. Menschen sind medikamentenabhängig, über 12 Mio. Menschen rauchen und etwa eine halbe Mio. Menschen weist einen problematischen Konsum illegaler Drogen auf. Insgesamt ist es aufgrund des mit Abhängigkeit verbundenen Stigmas schwierig, belastbare Zahlen zur Prävalenz von Suchterkrankungen in Deutschland zu erhalten.
Quantitative Bedeutung	In den ca. 1.300 Beratungsstellen werden etwa 500.000 Fälle jährlich bearbeitet.
Arbeitsmarkt	Keine Informationen zur Anzahl Mitarbeitender in Deutschland
Fachliche Anforderungen	Vorranging Hochschulabschluss in Sozialer Arbeit oder Sozialpädagogik, oft wird eine sucht- oder sozialtherapeutische Zusatzausbildung verlangt.
Finanzierung	Weil Sucht eine anerkannte Krankheit ist, werden die Behandlungskosten in der Regel durch Krankenkassen übernommen, die Kosten für die Rehabilitation durch die Rentenkasse. Die Suchtberatung selbst wird durch freiwillige Leistungen der Kommunen und Länder (im Rahmen der kommunalen Daseinsvorsorge), durch refinanzierte Leistungsangebote und Eigenmittel der Leistungsanbieter finanziert.
Sonstiges	Die Anforderungen an Beratende gelten aufgrund der Komplexität der Anforderungen als besonders hoch.

(Bundesministerium für Gesundheit, 2021; Deutsche Hauptstelle für Suchtfragen, 2019; Deutsche Hauptstelle für Suchtfragen, 2022)

Soziale Berufe außerhalb des sozialen Sektors: Der Sektor ist noch größer

Unsere Abgrenzung des sozialen Sektors über die vorhandene Wirtschaftszweigklassifikation des Statistischen Bundesamtes bildet den sozialen Sektor leider nicht vollständig ab. Zu berücksichtigen ist erstens, dass ein nicht geringer Anteil der Beschäftigten in der Sozialarbeit, aber auch im Erziehungsbereich nicht im sozialen Sektor, sondern in der öffentlichen Verwaltung erfasst wird. Dies liegt daran, dass die gesammelten Sozialversicherungsmeldungen einer Kommune an die Bundesagentur für Arbeit zum Teil über eine kommunale Betriebsnummer erfolgen. Kommunale soziale Einrichtungen wie Kitas oder soziale Beratungsstellen werden dann in der Statistik der Branche „allgemeine öffentliche Verwaltung" zugeordnet und nicht dem sozialen Sektor. Immerhin etwa 260.000 bzw. 16,2 Prozent der sozialversicherungspflichtig Beschäftigten in der Berufsgruppe „Erziehung, Sozialarbeit, Heilerziehungspflege" arbeiten in der allgemeinen öffentlichen Verwaltung (Tabelle A 7 im Anhang).[6] Weiterhin zeigt sich, dass 8,2 Prozent aller Sozialarbeiter:innen in der Branche Erziehung und Unterricht jenseits von Kitas und Vorschulen tätig sind (Tabelle A 6; Tabelle A 7 im Anhang). 3,8 Prozent aller Sozialarbeiter:innen sind in weiterführenden Schulen, 1,3 Prozent an Grundschulen tätig, die nicht dem sozialen Sektor, sondern dem Bildungsbereich zugeordnet sind. Die Tabelle zeigt auch, dass der Anteil der Beschäftigten im Berufsfeld Sozialarbeit/Sozialpädagogik an weiterführenden Schulen und Grundschulen zugenommen hat. Zudem arbeiten 6,2 Prozent der Beschäftigten in der Berufsgruppe Sozialarbeit/Sozialpädagogik in der Branche „Erbringung von sonstigen Dienstleistungen" (Tabelle A 7 im Anhang) – also ähnlich viele wie im sozialen Sektor. Hinter dieser Branche versteckt sich (neben der „Reparatur von Datenverarbeitungsgeräten" und „sonstigen überwiegend persönlichen Dienstleistungen") der Zweig „Interessenvertretungen, kirchliche und sonstige Vereinigungen". Dahinter dürften gleichermaßen Angebote der sozialen Daseinsvorsorge von kirchlichen und zivilgesellschaftlichen Trägern stehen. 4,7 Prozent der Beschäftigten im Berufsfeld Kinderbetreuung und -erziehung arbeiten in der Branche „Interessenvertretungen, kirchliche und sonstige Vereinigungen" (Tabelle A 8 im Anhang). Diese Zuordnung könnte dadurch erfolgen, dass kirchliche Kinderbetreuungseinrichtungen ihre Sozialversicherungsmeldungen an die Bundesagentur für Arbeit nicht selbst durchführen, sondern dies durch den übergeordneten kirchlichen Träger übernommen wird. Vergleicht man die Entwicklung der Anteilswerte in den Berufsgruppen der Sozialarbeit und Kinderbetreuung (Tabelle A 7 und Tabelle A 8), zeigt sich ein moderater Bedeutungsverlust in den kirchlichen und sonstigen Vereinigungen und ein leichter Bedeutungsgewinn in der allgemeinen öffentlichen Verwaltung.

Insgesamt lässt sich konstatieren, dass eine rein sektorale Betrachtung auf Basis der Wirtschaftszweigklassifikation – wie sie in diesem Buch überwiegend vorgenommen wird – die Bedeutung des sozialen Sektors unterschätzt. Zudem offenbart ein genauerer Blick in die Arbeitsfelder des sozialen Sektors eine unübersichtliche Vielfalt an Qualifikationsprofilen, Berufen, Versorgungssettings, Aufgabenfeldern und Anforderungen. Diese Vielfalt wird dadurch verstärkt, dass zentrale Aspekte der Ausgestaltung sozialer und gesundheitsbezogener Angebote und Dienstleistungen in den Aufgaben- und Kompetenzbereich der Bundesländer fallen und entsprechend unterschiedlich gehandhabt werden. In der Konsequenz sind die Erfahrungen der Beschäftigten und die Rahmenbedingungen

---

6 Zudem lässt sich in der Berufsgruppe der Sozialarbeiter:innen eine leichte Verschiebung hin zur öffentlichen Verwaltung beobachten. Während 2013 noch etwa 15 Prozent aller Sozialarbeiter:innen in der allgemeinen öffentlichen Verwaltung tätig waren, waren dies 2021 bereits über 18 Prozent (im Anhang). In der Kinderbetreuung und -erziehung zeigt sich ein vergleichbarer Aufwuchs nicht.

ihrer Beschäftigung sehr divers. Das lässt sich als Chance, vielleicht sogar als Vorteil des Sektors interpretieren. In jedem Fall ist es aber eine analytische Herausforderung.

2.3 Die quantitative Bedeutung des sozialen Sektors ist enorm

Die in diesem Buch verwendeten Datengrundlagen werden im Anhang genauer beschrieben (siehe Kap. 8). Ebenfalls im Anhang finden sich außerdem weiterführende methodische Erläuterungen sowie detaillierte Tabellen zu den hier vorgestellten Befunden.

Im Jahr 2021 waren auf Basis der Statistiken der Bundesagentur für Arbeit im sozialen Sektor – bezogen allein auf die Wirtschaftszweige „Sozialwesen" und „Kinderbetreuung und -erziehung" rund 3,0 Mio. Menschen sozialversicherungspflichtig beschäftigt (Abbildung 3). Ein einfacher Vergleich illustriert die enorme beschäftigungspolitische Bedeutung des sozialen Sektors: In der Automobilindustrie waren es etwa 800.000 Beschäftigte (Statistisches Bundesamt, 22. Februar 2021).

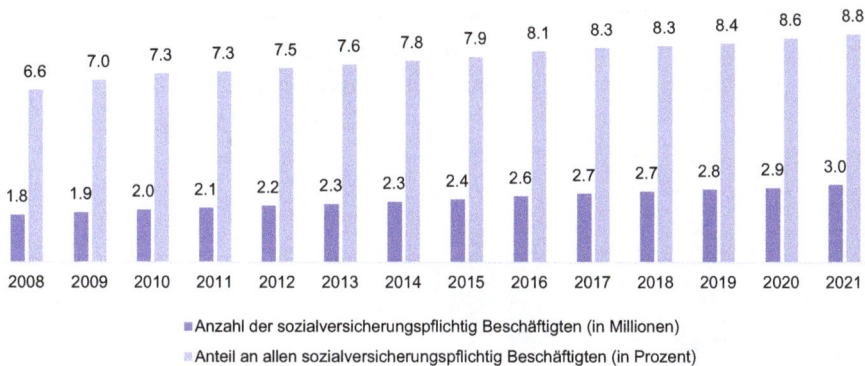

Abbildung 3: Sozialversicherungspflichtige Beschäftigung im sozialen Sektor 2008–2021.
Quelle: Statistik der Bundesagentur für Arbeit 2008–2021.

Die quantitative Bedeutung wird in dieser sektoralen Betrachtung – wie in Kapitel 2.2 dargestellt – noch unterschätzt, da vor allem Beschäftigte in den Berufsgruppen Sozialarbeit und Erziehung, die in Einrichtungen der öffentlichen Verwaltung (siehe Tabelle A 5 im Anhang) von Kommunen, in kirchlichen und sonstigen Vereinigungen (Tabelle A 7 im Anhang) oder als Schulsozialarbeiter:innen in Grundschulen oder weiterführenden Schulen (Tabelle A 6 im Anhang) tätig sind, in dieser sektoralen Betrachtungsweise nicht berücksichtigt sind.

Abbildung 3 zeigt, dass die Beschäftigung über die letzten Jahre kontinuierlich gewachsen ist. Zum einen ist dies ein Ergebnis höherer Kapazitätsbedarfe, die direkt oder indirekt politisch induziert waren. Zum Beispiel hat der Rechtsanspruch auf Kitabetreuung für Unter-Drei-Jährige zu einem erheblichen Ausbau der Kapazitäten geführt. Zum anderen resultiert der Ausbau aus steigenden Qualitätsansprüchen (Blank, 2017), die im sozialen Sektor in aller Regel nur mit höherem Personaleinsatz umgesetzt werden können. Der Trend reicht weiter zurück, als die hier gezeigte Abbildung verdeutlicht. Rolf Heinze bilanzierte bereits 2011 eine Expansion der sozialen Dienste mit Blick auf die zurückliegenden Jahrzehnte (Heinze, 2011).

Ein Blick auf die prozentuale Entwicklung der Beschäftigung innerhalb des sozialen Sektors verdeutlicht, dass ausnahmslos alle Bereiche des sozialen Sektors in absoluten Beschäftigtenzahlen gewachsen sind (Abbildung 4; Tabelle A 9 im Anhang). Dennoch zeigen sich deutliche Verschiebungen innerhalb des Sektors. So haben insbesondere ambulante soziale Dienste an Bedeutung gewonnen, deren Beschäftigtenzahl sich zwischen 2008 und 2021 mit einem Zuwachs um 131 Prozent mehr als verdoppelt hat. Dieses Wachstum zeigt sich auch in den betrieblichen Fallzahlen (Tabelle A 2). Nicht zuletzt durch den oben erwähnten Rechtsanspruch hat der Bereich der Kinderbetreuung und -erziehung gegenüber dem stationären sozialen Sektor zugelegt (Abbildung 4). Angesichts der steigenden Bedarfe ist anzunehmen, dass das Beschäftigungswachstum in allen Bereichen des sozialen Sektors bei ausreichend verfügbarem Personal noch deutlich höher ausgefallen wäre. So schätzen Bossler und Popp, dass ohne Arbeitskräftemangel in den Jahren 2010 bis 2022 in der Gesamtwirtschaft etwa 1,8 Millionen zusätzliche Jobs hätten geschaffen werden können (vgl. Bossler und Popp, 2023).

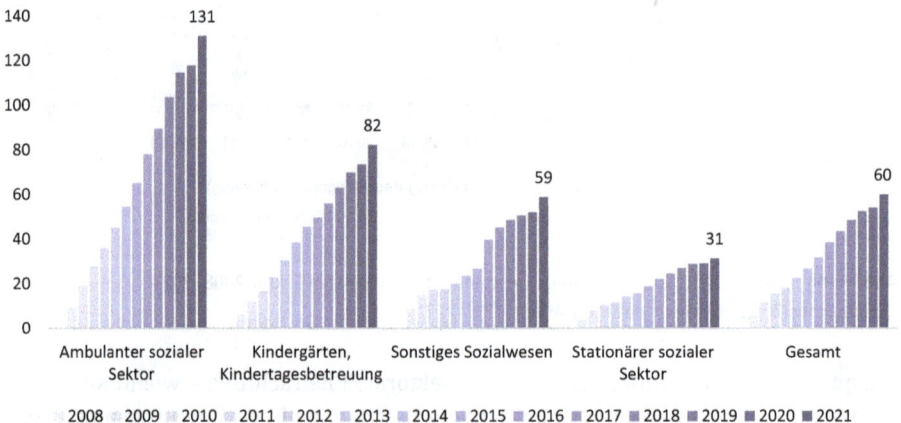

2008 2009 2010 2011 2012 2013 2014 2015 2016 2017 2018 2019 2020 2021

Abbildung 4: Prozentuale Veränderung der Beschäftigung im sozialen Sektor.
Quelle: Betriebs-Historik-Panel 1975–2021_v1, prozentuale Veränderung der Beschäftigung ohne Personen in Elternzeit bezogen auf den Ausgangswert 2008.

Zusammenfassend zeigt sich, dass sich der Begriff des sozialen Sektors trotz der dargestellten Abgrenzungsprobleme dafür eignet, die beschäftigungspolitische Dimension und Bedeutung hervorzuheben. Diese ist – das zeigt bereits die erste Draufsicht –

hoch und weiter steigend. Unschärfen sind angesichts der ausgeprägten Komplexität des Sektors, die sich auch in der Datenerfassung niederschlägt, unvermeidbar. Sie führen dazu, dass die hohe quantitative Bedeutung, die hier abgebildet werden konnte, tendenziell sogar noch unterschätzt wird. Die kursorische Auseinandersetzung mit den wissenschaftlichen und fachlichen Debatten und ihren Begriffen hat außerdem gezeigt, dass der soziale Sektor in Abgrenzung dazu eine neutrale und recht präzise Begrifflichkeit bietet, um reguläre Beschäftigung zu erfassen.

Schuldner- und Insolvenzberatung[7]

Zielgruppe	Über 6 Mio. Erwachsene in Deutschland sind überschuldet, d. h. sie können dauerhaft ihre Kredit- und Zahlungsverpflichtungen nicht erfüllen.
Quantitative Bedeutung	Etwa jede:r zehnte Überschuldete nimmt eine Beratung durch eine von bundesweit rund 1.400 gemeinnützigen Schuldner- und Insolvenzberatungsstellen in Anspruch. Für Menschen im Sozialleistungsbezug, und u.U. auch für ihre Angehörigen, ist die Beratung kostenfrei. Bei gewerblichen Angeboten ist die Beratung in der Regel nicht kostenfrei.
Arbeitsmarkt	Keine Angaben zur Anzahl der Mitarbeitenden in Deutschland.
Fachliche Anforderungen	Schuldnerberater:innen haben in der Regel einen Hochschulabschluss. Neben Sozialarbeiter:innen und Sozialpädagog:innen arbeiten Menschen mit juristischem, psychologischem oder betriebswirtschaftlichem Ausbildungshintergrund in der Schuldnerberatung. Um als Beratungsfachkraft offiziell anerkannt zu werden, ist der Nachweis über das Absolvieren eines Zertifizierungslehrganges zum bzw. zur Schuldnerberater:in notwendig.
Finanzierung	Die Finanzierung der gemeinnützigen Schuldner- und Insolvenzberatung ist bundesweit nicht einheitlich geregelt, sondern unterliegt sowohl länderspezifischen als auch kommunalen Bestimmungen.
Sonstiges	In den gemeinnützigen Beratungsstellen werden alleinerziehende Mütter und alleinstehende Männer überdurchschnittlich oft beraten. Häufige Auslöser von Überschuldung sind neben Arbeitslosigkeit Erkrankungen, Sucht oder ein Unfall. Die Intensität der Überschuldung ist bei älteren Menschen über 60 Jahre im Durschnitt deutlich höher als bei jüngeren Menschen. Sie können sich seltener aus der Überschuldung befreien.

(Statistisches Bundesamt, 2021b; Creditreform Wirtschaftsforschung, 2021)

---

7 Die Schuldner- und Insolvenzberatung und später die Suchtberatung werden hier exemplarisch dargestellt. Darüber hinaus gibt es viele andere wichtige Beratungsangebote für Menschen in unterschiedlichen sozialen Notlagen. All diese Angebote unterliegen unterschiedlichen rechtlichen und finanziellen Rahmenbedingungen und erfordern zum Teil sehr spezifische fachliche Qualifikationen. Sie im Einzelnen aufzuzählen, würde dieses Buch überfrachten. So haben wir beispielsweise auf eine Darstellung der im Rahmen von Bundesprogrammen durchgeführten Migrationsberatungsprogramme "Migrationsberatung für erwachsene Zuwanderer" (MBE) und Asylverfahrensberatung verzichtet.

2.4 Der soziale Sektor basiert größtenteils auf der Erwerbsarbeit von Frauen

Wenn wir über die Entwicklung sowie Arbeits- und Beschäftigungsbedingungen im sozialen Sektor schreiben, geht es überwiegend um die Arbeits- und Beschäftigungsbedingungen von Frauen. Ihr Anteil an den Beschäftigten im sozialen Sektor liegt bei etwa 80 Prozent. Gleichzeitig war der allgemeine Anstieg der Erwerbsarbeit von Frauen über alle Branchen hinweg in den vergangenen Dekaden immer eng mit dem sozialen Sektor verbunden, denn er wurde vor allem durch Betreuungseinrichtungen überhaupt erst möglich.

Warum Frauen so viel häufiger einer Tätigkeit im sozialen Sektor nachgehen als Männer, wurde und wird vor allem im Rahmen der Care-Debatte ausgiebig untersucht und diskutiert (siehe oben). Eine wichtige Rolle spielt die historische Verortung sozialer Tätigkeiten im Privaten und damit in der Hand von Frauen. Diese wirkt heute noch fort; es bleiben die Frauen, die primär Sorge- und Pflegearbeit leisten, im Privaten ebenso wie erwerbsmäßig. Die tradierte Rollenverteilung hat Auswirkungen auf das professionelle Selbstverständnis und ganz sicher auch auf die Selbstselektion in einen sozialen Beruf. Soziale Tätigkeiten, schreibt die Journalistin Teresa Bücker trefflich „… sind gelabelt als weibliche Tätigkeiten, als familiäre Arbeit, als Ausdruck von Zuneigung und Liebe, als Tätigkeiten, die einigen Menschen im Blut liegen, statt erlernt zu sein" (Bücker, 2020, S. 4). In den letzten Jahren ist die Anerkennung der Professionen tendenziell gestiegen; die tradierten Zuschreibungen leben gleichwohl fort. Eine interviewte Person beschreibt dies für das Arbeitsfeld Kita so:

> (…) früher waren das die Tanten (…) und das kann jeder, der selber Kinder hat, kann auch Kinder betreuen. Das hat sich zum Glück ein Stückchen weit verändert, auch dahingehend, dass die Qualität oder die Qualifizierung durchaus auch wahrgenommen wird in der Gesellschaft. (US, 24. November 2021)

Es geht jedoch nicht allein um Zuschreibungen, Anerkennungen und Wertschätzung der Arbeit. Der Frauenanteil hat viel zu tun mit einer auffälligen und beschäftigungspolitisch hochrelevanten Eigenschaft des Sektors: seine hohe Teilzeitquote. Frauen tragen vielfach die Hauptlast der häuslichen bzw. privaten Sorgearbeit und arbeiten, auch weil die Betreuungsangebote in weiten Teilen Deutschlands trotz des Ausbaus der letzten Jahrzehnte für eine Vollzeitbeschäftigung schlicht nicht ausreichen, häufig in Teilzeit, um Familien- und Erwerbsarbeit vereinbaren zu können. Wo Betreuungsangebote rar sind und Väter sich nicht in gleicher Weise an der Betreuung beteiligen – letzteres ist nach wie vor eher die Regel – ist Teilzeitbeschäftigung die logische Konsequenz. Eine Rückkehr in eine Vollzeittätigkeit nach einer Phase, in der private Sorgearbeit einen großen Anteil ausmacht, ist zudem erst seit 2019 zumindest für Beschäftigte in größeren Betrieben rechtlich abgesichert (Wanger und Hohendanner, 2024). Die Vereinbarkeitsproblematik ist im sozialen Sektor in besonderer Weise relevant, weil – dies wird in Kapitel 5 näher ausgeführt – Schichtdienst und Wochenendarbeit sehr weit verbreitet sind. Beides geht mit zusätzlichen Herausforderungen einher.

3 Der Arbeitskräftemangel verändert den sozialen Sektor

Die im vorangegangenen Kapitel betrachteten Daten demonstrieren die herausragende Rolle, die der soziale Sektor in mehrfacher Hinsicht spielt: Er bietet Leistungen, die zum Teil mit Rechtsansprüchen hinterlegt sind und auf die sich die Menschen verlassen; er war und ist eine zentrale Grundlage für die Erwerbsbeteiligung von Frauen; und er ist schließlich beschäftigungspolitisch bedeutsam. Die im Folgenden aufbereiteten Daten und Analysen zeigen, dass das stetige Wachstum des Sektors, also der Ausbau an Leistungen, trotz steigenden Bedarfs absehbar an sein Ende gelangen wird. Grund ist der flächendeckende Fach- und Arbeitskräftemangel, der sich mittlerweile in den meisten Branchen der deutschen Volkswirtschaft zeigt. Gleichwohl sind es nach Berechnungen des IW Köln (Hickmann und Koneberg, 2022) aktuell die Hauptberufe des sozialen Sektors – Sozialarbeit, Kinderbetreuung- und -erziehung, Alten- und Krankenpflege – die unter die zehn Berufe mit den größten Fachkräftelücken in Deutschland fallen. Die Mangellage in den Berufen Sozialarbeit und Sozialpädagogik erreicht, wie die Autorinnen der Studie darlegen, einen „traurigen Rekord":

„Von den bundesweit knapp 26.500 offenen Stellen gab es für knapp 20.600 keine passend qualifizierten Arbeitslosen – so groß war der Mangel nie zuvor. Diese Fachkräfte fehlen beispielsweise bei der Berufseinstiegsbegleitung, in der Schulsozialarbeit, in Jugend-, Kinder- und Altenheimen oder in der Suchtberatung, also überall dort, wo Menschen persönliche Begleitung für die Lösung sozialer Probleme benötigen. Tätigkeitsfelder, die in der Corona-Pandemie noch wichtiger geworden sind. Fast genauso groß war die Fachkräftelücke mit knapp 20.500 Stellen, die rein rechnerisch nicht besetzt werden konnten, bei den Erzieherinnen und Erziehern. Auch hier erreichte der Fachkräftemangel einen Rekordwert." (Hickmann und Koneberg, 2022, S. 1)

Wie zentral die Problematik der Fach- und Arbeitskräfterekrutierung für die Betriebe und Einrichtungen des sozialen Sektors ist, zeigen die von Betrieben erwarteten Personalprobleme in Abbildung 5. Einrichtungen des sozialen Sektors gaben über die Jahre zunehmend und häufiger als Betriebe in anderen Branchen (vgl. Tabelle A 10 und Tabelle A 11 im Anhang) an, Probleme mit der Personalrekrutierung zu haben.

Im Jahr 2018 beklagten 64 Prozent, im Jahr 2022 bereits 77 Prozent der Betriebe im sozialen Sektor (64 Prozent der Betriebe in den anderen Sektoren), dass sie Probleme mit der Fachkräftegewinnung haben. Hinzu kommt, dass etwa 40 Prozent der Betriebe über einen Mangel an Personal für einfache Tätigkeiten klagen.

Die Personalsituation im sozialen Sektor wird sich weiter verschärfen, denn auch in den übrigen Branchen gewinnt das Problem der Fach- und Arbeitskräfterekrutierung kontinuierlich an Bedeutung. Dies bedeutet zweierlei: (1) Der soziale Sektor steht im Ganzen in Konkurrenz um Arbeitskräfte mit anderen Sektoren. (2) Diese Konkurrenz verschärft sich zunehmend. Insofern sind die häufig sinnstiftenden Tätigkeiten im sozialen Sektor im Wettbewerb um Arbeitskräfte ein potentieller Vorteil. Gleichwohl bleiben

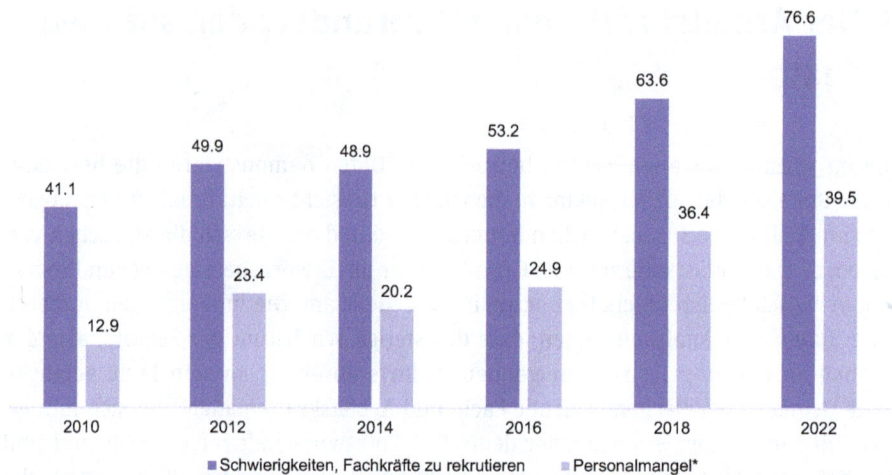

Abbildung 5: Personalprobleme der Betriebe im sozialen Sektor: Fach- und Arbeitskräftemangel. Quelle: IAB-Betriebspanel, hochgerechnete Werte; Anteile der Betriebe mit dem jeweiligen erwarteten Personalproblem an allen Betrieben in Prozent, Informationen nicht erhoben in ungeraden Jahren sowie im Jahr 2020 *veränderte Abfrage des Items: 2012–2018: „Personalmangel", 2022: Schwierigkeiten, benötigte Arbeitskräfte für einfache Tätigkeiten zu bekommen".

in der Konsequenz des zunehmenden sektorübergreifenden Wettbewerbs um Arbeitskräfte Stellen länger unbesetzt oder müssen mit Qualifikationsprofilen besetzt werden, die nur unzureichend zu den eigentlichen Anforderungen der Stellen passen. Soziale Hilfen, Leistungen und Angebote werden infolge dieser Entwicklung in ihrem Umfang oder in ihrer Qualität beeinträchtigt.

3.1 Die Belegschaft altert rapide

Aufgrund des demografischen Wandels wird sich die Situation weiter verschlechtern, denn die zunehmende Alterung der Gesellschaft bedeutet für die Einrichtungen des sozialen Sektors eine zunehmende Alterung der Belegschaft. Wie rasant der Alterungsprozess in den Einrichtungen vonstattengeht, zeigt der Vergleich der Altersstruktur innerhalb gerade mal einer Dekade von 2008 bis 2021 (Abbildung 6). Insbesondere die Altersgruppe der 50 bis 64-Jährigen gewinnt zunehmend an Gewicht.

Der Anteil der 50 bis 64-Jährigen im sozialen Sektor lag im Jahr 2008 bei 27 Prozent, im Jahr 2021 bereits bei 37 Prozent. Die Verschiebung der Altersstruktur und die Zunahme altersbedingter Abgänge variieren innerhalb des sozialen Sektors deutlich. In Pflegeeinrichtungen sind bereits jetzt 40 Prozent der Beschäftigten älter als 50 Jahre, in Kindergärten lag dieser Anteil im Jahr 2021 bei 31 Prozent (Tabelle A 12). Doch nicht nur der soziale Sektor hat mit der zunehmenden Alterung der Belegschaft zu kämpfen. Mit 33,8 Prozent ist der Gesamtanteil der Beschäftigten zwischen 50 bis

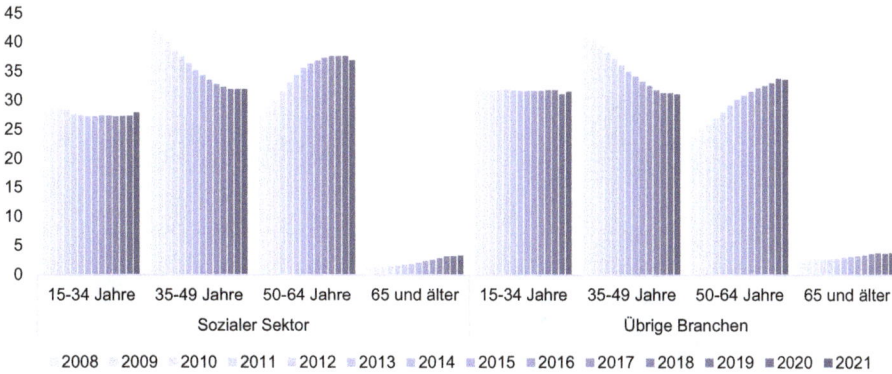

Abbildung 6: Altersstruktur im sektoralen Vergleich.
Quelle: Betriebs-Historik-Panel 1975–2021_v1, Anteil der jeweiligen Altersgruppe an allen
sozialversicherungspflichtig Beschäftigten in Prozent.

64 Jahren zwar niedriger als im sozialen Sektor, die Verschiebung der Altersstruktur
zeigt sich jedoch in allen Branchen gleichermaßen. Im öffentlichen Dienst gehen in
den nächsten zehn Jahren nach einer Studie des Deutschen Beamtenbundes (dbb) fast
1,3 Millionen Beschäftigte in den Ruhestand (Deutscher Beamtenbund und Tarifunion,
2022). Werden die erwartbaren Neueinstellungen herausgerechnet, verbleibt laut dbb
eine Personallücke von mehreren hunderttausend Beschäftigten, die bei der Wahrnehmung öffentlicher Aufgaben fehlen werden.

Die Alterung der Belegschaft hat zweierlei Konsequenzen: Zum einen stellen ältere
Beschäftigte bald die Belegschaftsmehrheit in den Einrichtungen und Betrieben. Alters-
spezifische und -gerechte Personalmaßnahmen müssen somit zunehmend in den Fokus
rücken. Im Jahr 2022 sahen nicht nur etwa ein Viertel der Betriebe und Einrichtungen im
sozialen Sektor Überalterung als zunehmendes Problem (vgl. Abbildung 7). Von fast der
Hälfte der Einrichtungen wurden hohe Krankheits- und Fehlzeiten kritisch betrachtet,
die zum Teil mit der veränderten Altersstruktur zusammenhängen dürften. Betriebliches
Gesundheitsmanagement und Bemühungen, altersbedingte Überbelastungen zu reduzieren, werden demzufolge eine größere Rolle spielen. Zum anderen müssen viele Stellen
aufgrund zunehmender Eintritte in den Ruhestand neu besetzt werden, wobei jüngere
Alterskohorten nicht in gleichem Ausmaß für Nachrekrutierungen zur Verfügung stehen.

3.2 Mangel nicht nur bei qualifizierten Arbeitskräften

Ein Blick auf die Entwicklung der offenen Stellen differenziert nach Qualifikationser-
fordernissen zeigt, dass sich die Schwierigkeit, Personal zu rekrutieren, zwar überwiegend, aber nicht nur auf Fachkräfte bezieht. Auch Tätigkeiten, für die einfache
Qualifikationen erforderlich sind, werden zunehmend nachgefragt – im sozialen Sek-

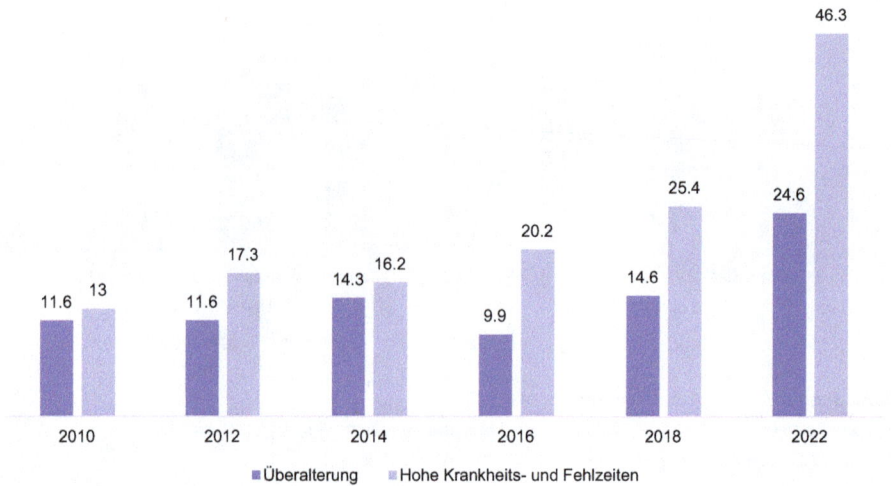

Abbildung 7: Personalprobleme der Betriebe im sozialen Sektor: Überalterung und Krankheits- und Fehlzeiten.
Quelle: IAB-Betriebspanel, hochgerechnete Werte; Anteile der Betriebe mit dem jeweiligen erwarteten Personalproblem an allen Betrieben in Prozent, Informationen nicht erhoben in ungeraden Jahren sowie im Jahr 2020.

tor genauso wie in den übrigen Branchen (Abbildung 8). Der Wettbewerb um diese Arbeitskräfte dürfte sich deshalb nicht nur innerhalb des sozialen Sektors, sondern auch zwischen den Sektoren verschärfen.

Um dem virulenten Problem, qualifizierte Fachkräfte zu finden, zu begegnen, ist ein naheliegender Ansatzpunkt die Intensivierung eigener Aus- und Weiterbildungsanstrengungen. Dies wird perspektivisch zunehmend relevant, wenn bestimmte Tätigkeiten angesichts des technologischen Fortschritts und Strukturwandels obsolet werden, neue Tätigkeitsanforderungen entstehen oder wenn es darum geht, ausländische Arbeitskräfte (in Deutschland oder bereits vorab im jeweiligen Herkunftsland) aus- oder weiterzubilden.

Die Zahl der Auszubildenden hat sich in den letzten Jahren bis ins Jahr 2020 kontinuierlich erhöht (Abbildung 9). Seit 2021 lässt sich jedoch ein leichter Rückgang beobachten, der mit einem äquivalenten Anstieg der unbesetzten Ausbildungsstellen einhergeht. Insofern gilt es auch hier im Sinne einer mittel- und langfristigen Arbeitskräftesicherungsstrategie, die Bemühungen in allen Phasen der ‚school-to-work transition' – in der Phase der Berufsorientierung, der Berufseinmündung und des Ankommens in der Arbeitswelt – zu intensivieren, um Ausbildungsquoten zu steigern, unfreiwillige Ausbildungsabbrüche zu vermeiden und offensiver und institutionell begleitet um Schulabgänger:innen zu werben (vgl. Rat der Arbeitswelt, 2021).

Auch Weiterbildung gilt als zentraler Baustein rund um die Themen Fachkräftebedarf, Abbau von Arbeitslosigkeit oder die Frage, wie die ökologisch-technische Transformation von Wirtschaft und Gesellschaft möglichst reibungslos bewerkstelligt werden

Sozialer Sektor

Übrige Branchen

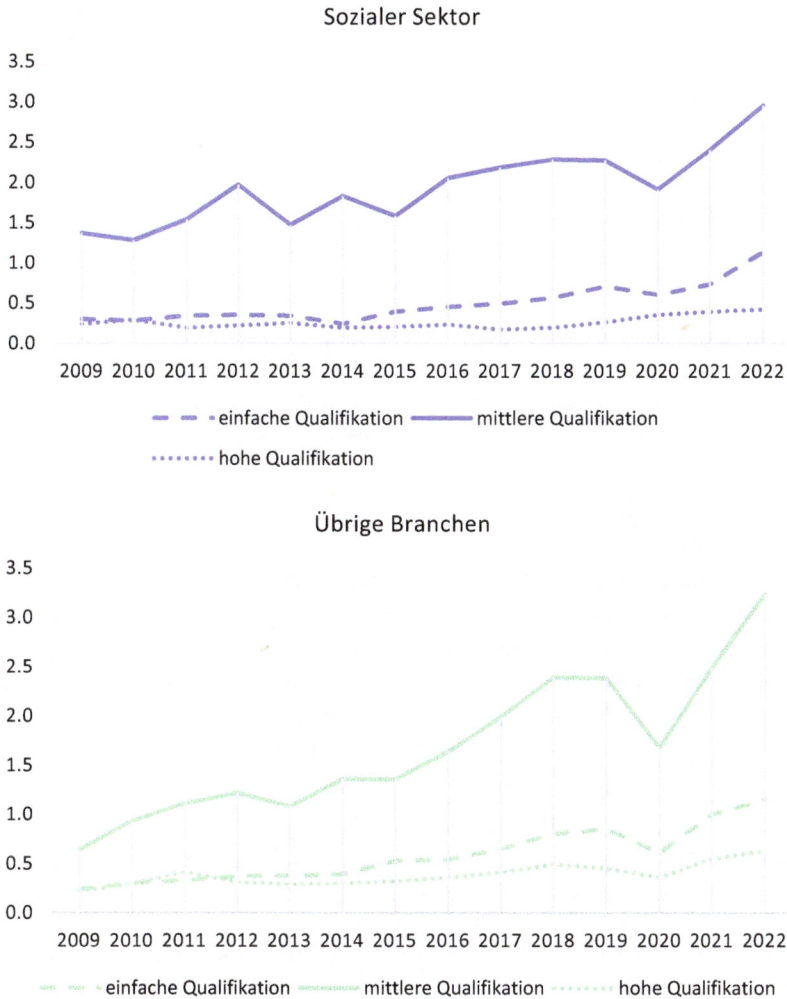

Abbildung 8: Offene Stellen im sektoralen Vergleich.
Quelle: IAB-Betriebspanel, hochgerechnete Werte, offene Stellen nach Qualifikationserfordernis bezogen auf alle Beschäftigten In Prozent.

kann. Einrichtungen des sozialen Sektors sehen selbst einen höheren Fort- und Weiterbildungsbedarf als Betriebe der übrigen Branchen (Tabelle A 10 und Tabelle A 11). Die Weiterbildungsanstrengungen bleiben jedoch angesichts der großen Personallücken insgesamt hinter den von der Branche artikulierten Bedarfen und Erwartungen zurück. Zudem steht der Sektor der beruflichen Weiterbildung selbst massiv unter Ökonomisierungsdruck (Albert, Betzelt und Parschick, 2022). Formale betriebliche Weiterbildung hat in den letzten Jahren vor der Covid-19-Pandemie generell an Bedeutung gewonnen

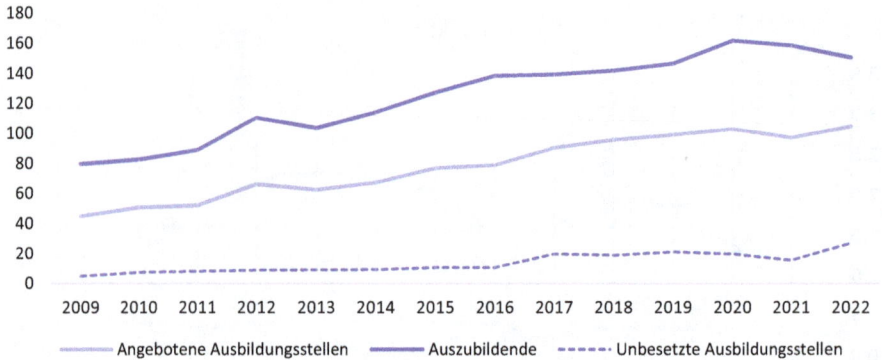

Abbildung 9: Auszubildende, Ausbildungsplätze und unbesetzte Ausbildungsstellen im sozialen Sektor.
Quelle: IAB-Betriebspanel, hochgerechnete Werte, Anzahl in 1000.

und im sozialen Sektor findet mehr Weiterbildung statt als in den übrigen Sektoren (Abbildung 10). Gründe dafür dürften unter anderem die sich permanent verändernden politischen Rahmenbedingungen sein. Die Pflege beispielsweise war in den letzten Jahren Gegenstand so vieler detailorientierter Reformen und Veränderungen, dass die Schulungs- und Fortbildungsangebote kaum noch hinterherkamen. Im Zuge des Bundesteilhabegesetzes werden in einem mehrjährigen Prozess die Rahmenbedingungen in der Eingliederungshilfe komplett umgestaltet, hier müssen sich die Beschäftigten ebenfalls neu orientieren. Zu den gesetzlichen Veränderungen kommt hinzu, dass Abläufe und Verfahren wenig stabil sind. Letztlich sind die Beschäftigten ständig neuen Bedingungen unterworfen. Fortbildung ist daher eine Voraussetzung, um überhaupt arbeitsfähig zu bleiben. Das erklärt die hohen Fortbildungsquoten

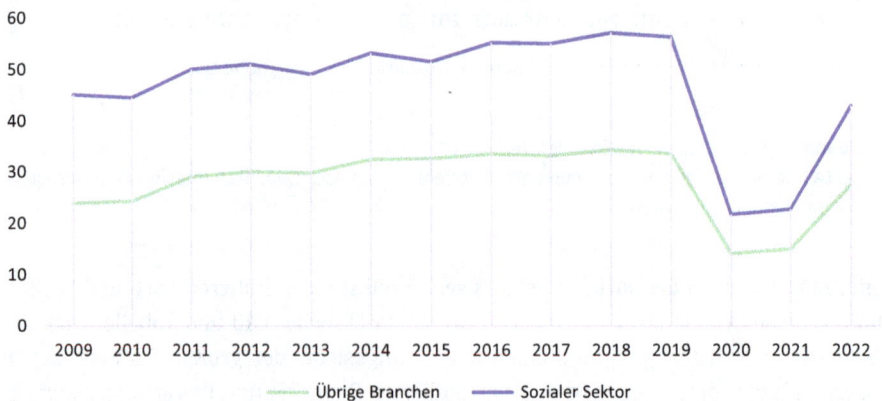

Abbildung 10: Betriebliche Weiterbildung im sektoralen Vergleich.
Quelle: IAB-Betriebspanel, hochgerechnete Werte, Anteil der Beschäftigten in Prozent.

zum Teil. Beschäftigte im sozialen Sektor sind darüber hinaus häufig besonders intrinsisch motiviert und insofern fortbildungsaffin. Auch dies spiegelt sich in den vergleichsweise hohen Fortbildungszahlen wider.

Ausgerechnet während der Corona-Pandemie ist die Weiterbildungsbeteiligung trotz vielfältiger Fördermöglichkeiten stark eingebrochen[8]. Die Enttäuschungen bezüglich der oftmals gepriesenen, aber in der betrieblichen Realität insbesondere in Krisenzeiten zu wenig genutzten Weiterbildungsstruktur sind groß, wenngleich das Problembewusstsein vorhanden und Lösungsansätze vorangetrieben werden, etwa über die Förderung von Weiterbildungsmentoring und eine verbesserte Transparenz über Fördermöglichkeiten und -angebote. Dank der aktuell positiven Entwicklung im Jahr 2022 ist zwar noch nicht das Vor-Pandemie-Niveau erreicht, der Trend deutet aber darauf hin, dass das Bild eines fortbildungsmüden Sektors, dessen Beschäftigte sich wenig von Weiterbildungen versprechen, überzeichnet scheint. Dennoch ist nicht ausgeschlossen, dass die geringe Nutzung von Weiterbildungsmöglichkeiten während der Pandemie auch mit einer zunehmenden Enttäuschung und Ermüdung zusammenhängt; das Engagement und die Investition in das eigene Arbeitsvermögen zahlen sich aus Sicht der Beschäftigten womöglich hinsichtlich Lohnsteigerungen, Aufstiegsmöglichkeiten und Arbeitsplatzgestaltung zu wenig aus.

3.3 Einstellungen und Personalabgänge steigen deutlich

Im Zuge des Beschäftigungsaufwuchses der letzten Jahre seit 2009 sind mit einem kurzen pandemiebedingten Intermezzo nicht nur die Einstellungen, sondern auch die Personalabgänge deutlich angestiegen. So hat sich die Zahl der Personalabgänge im sozialen Sektor im Vergleich zum Basisjahr 2009 von 108.000 auf 241.000[9] im Jahr 2022 mehr als verdoppelt und den höchsten Stand seit 2009 erreicht (Abbildung 11).

Aufgrund der guten Stellensituation haben so viele Beschäftigte wie nie gekündigt, unter anderem, um in Jobs mit besseren Arbeitsbedingungen zu wechseln. Die dadurch bedingte Fluktuation ist für Arbeitgeber vor allem ein Kostenfaktor, da Stellenausschreibungen verfasst, Bewerbungsgespräche geführt, neue Mitarbeitende eingearbeitet, Verträge verlängert und Personalabgänge organisiert werden müssen. Betriebe haben prinzipiell ein hohes Interesse daran, benötigte Arbeits- und Fachkräfte zu halten, gerade wenn diese knapper werden, wenn sie auf das betriebliche Erfahrungswissen ihrer Mitarbeiter:innen angewiesen sind und sie vielleicht noch in deren Weiterbildung

---

8 Problematisch ist zudem, dass betriebliche Weiterbildung nicht antizyklisch in Krisen an Bedeutung gewinnt, sondern eher abnimmt. Obwohl viele Beschäftigte mehr Zeit für Weiterbildung hätten, sei es, weil sie in Kurzarbeit sind oder weil Überstunden abgebaut werden und Aufträge fehlen, wird das Instrument der Weiterbildung trotz öffentlicher Förderung zu wenig genutzt.
9 Aufgrund der unterschiedlichen Niveaus im sozialen Sektor und den übrigen Sektoren werden zur besseren Vergleichbarkeit keine absoluten Zahlen, sondern Prozentwerte angegeben.

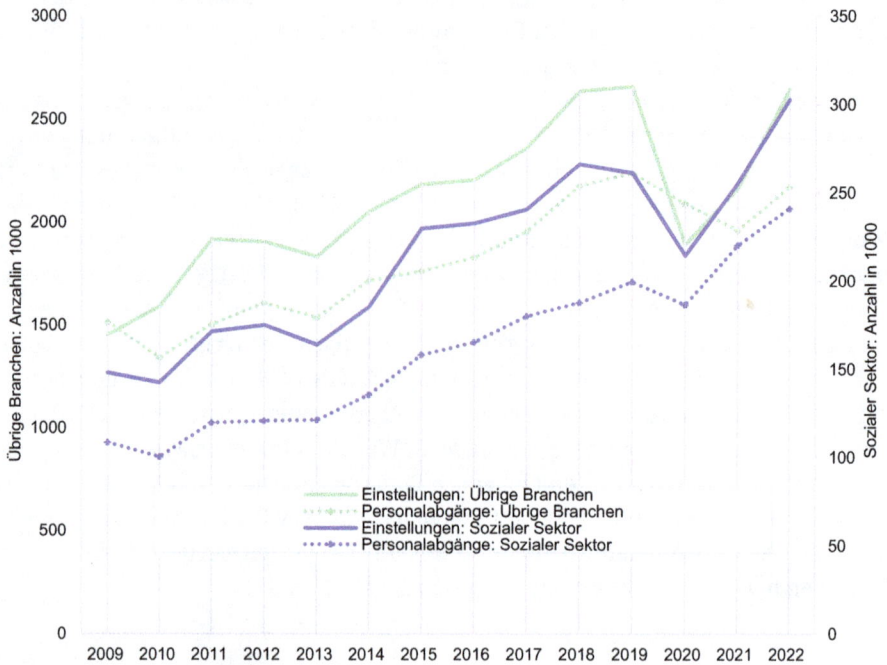

Abbildung 11: Einstellungen und Personalabgänge im sektoralen Vergleich.
Quelle: IAB-Betriebspanel, hochgerechnete Werte, Anzahl in 1000.

investiert haben.[10] Angesichts der zunehmenden Kündigungen durch Beschäftigte scheint es jedenfalls tendenziell weniger selbstverständlich zu sein, dass Arbeitskräfte, einmal eingestellt, in ihren Betrieben und Einrichtungen bleiben. Zwar zeigen weiterführende Analysen zur Stellensuche in Abschnitt 5.5. (Tabelle A 21), dass die Wechselbereitschaft im sozialen Sektor im Durchschnitt geringer auszufallen scheint als in den übrigen Branchen. Dennoch bleibt der Befund, dass sich die pandemiebedingte Schere in der Entwicklung zwischen Personalabgängen und Einstellungen im sozialen Sektor kaum schließt. Die Einstellungen im sozialen Sektor haben sich zwischen 2020 und 2022 zwar von 214.000 auf 303.000 erhöht, aber auch die Personalabgänge sind zwischen diesen beiden Jahren von 186.000 auf 241.000 angestiegen. In den übrigen Sektoren sind die Personalabgänge hingegen im Jahr 2022 nur leicht angestiegen. In der ersten Jahreshälfte 2020 hat

---

10 Die Fluktuationsraten zeigen zudem ein unvollständiges Bild: Große Unternehmen verfügen über viele Flexibilisierungsmöglichkeiten, die sich nicht notwendigerweise an Fluktuationsraten der eigenen Beschäftigten ablesen lassen. Flexibilität kann auch über Leiharbeit oder die Anpassung der Werkvertrags- und Zulieferbeziehungen erreicht werden. Während das Stammpersonal einen relativ guten Schutz genießt, sind die Beschäftigungsdauern etwa in der Zeitarbeit deutlich geringer.

die Bedeutung der Kündigungen durch Beschäftigte pandemiebedingt zwar im sozialen Sektor etwas abgenommen, allerdings nicht so stark wie in den übrigen Sektoren. Fachkräfte sozialer Berufe wurden auch in der Pandemie benötigt, was Stellenwechsel leichter möglich macht.

Zusammenfassend lässt sich konstatieren, dass Kündigungen von Arbeitnehmer: innen in den letzten Jahren branchenübergreifend zugenommen haben (Abbildung 12). Über die Hälfte aller Abgänge (56 Prozent) sind 2022 im sozialen Sektor auf Kündigungen durch die Beschäftigten zurückzurückzuführen (übrige Branchen: 48 Prozent). Offenbar nimmt tendenziell die Herausforderung zu, Beschäftigte in den Betrieben zu halten.

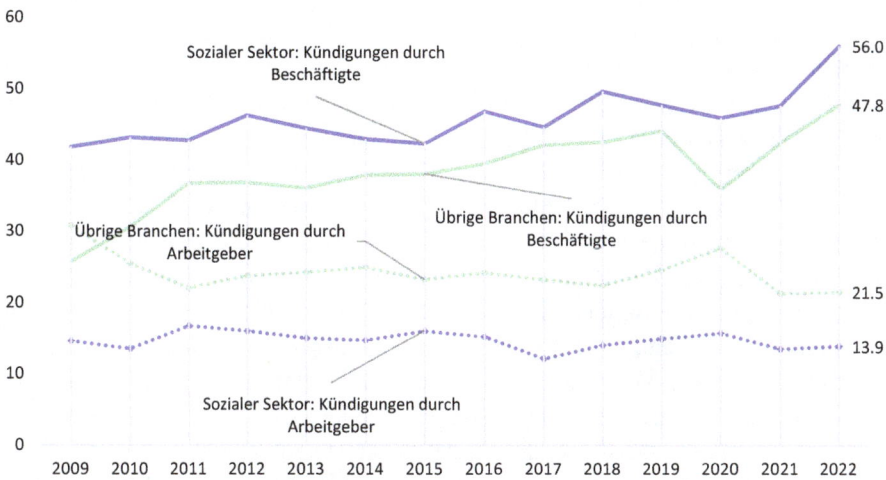

Abbildung 12: Personalabgänge im sektoralen Vergleich.
Quelle: IAB-Betriebspanel, hochgerechnete Werte, Personalabgänge in Prozent aller Personalabgänge.

Arbeitgeberkündigungen spielen demgegenüber mit knapp 14 Prozent aller Abgänge eine geringere Rolle als in den übrigen, stärker privatwirtschaftlich organisierten Branchen (über 20 Prozent). Kündigungen durch die Betriebe und Einrichtungen können zudem die Folge von Kündigungen durch spezifisch qualifizierte Arbeitskräfte sein, da bei Wegfall einer Fachkraft im schlimmsten Fall ganze Aufgabenbereiche nicht mehr erledigt werden können. So ist für die Intensivpflege von bestimmten Personen eine spezifische Qualifikation gesetzlich vorgeschrieben. Wenn die dazu ausgebildete Fachkraft die Einrichtung verlässt, fällt unter Umständen auch der Bedarf an den weiteren Pflegekräften weg, die für die ‚normale' Pflege der Intensivpatienten zuständig wären. Einzelne Personalabgänge können somit zu weiterer Arbeitskräftefluktuation beitragen.

Die demografische Entwicklung und Alterung der Belegschaften zeigt sich im Anstieg der Personalabgänge aufgrund von Ruhestand, Vorruhestand und Erwerbsunfähigkeit: Mittlerweile sind etwa 13 Prozent aller Abgänge im sozialen Sektor auf solche Übergänge zurückzuführen. Im Jahr 2009 waren es noch unter acht Prozent (vgl. Tabelle A 13 im Anhang).

Festzuhalten bleibt, dass über die Hälfte aller Personalabgänge im sozialen Sektor durch Kündigungen seitens der Beschäftigten und Eintritte in den Ruhestand hervorgerufen werden. Im Umkehrschluss bedeutet dies, dass Arbeitgeber fortlaufend rekrutieren müssen, allein um ihren Personalbestand zu halten. Hinzu kommen in den frauendominierten Arbeitsfeldern des sozialen Sektors höhere Personalausfälle durch Eltern- und Erziehungszeiten sowie Beschäftigungsverbote während Schwangerschaften. Aufgrund einer veränderten Risikowahrnehmung in Bezug auf Infektionskrankheiten etwa im Bereich der Kinderbetreuung dürften diese Beschäftigungsverbote an Bedeutung gewonnen haben, auch wenn dazu keine Statistiken vorliegen. Diese Personalausfälle gehen nicht in die Statistik der Personalabgänge ein, da die betreffenden Personen weiterhin in den Betrieben angestellt sind. Sie haben aber Auswirkungen auf die Einstellungen, da Personal zur Vertretung rekrutiert werden muss.

Aus der Binnensicht des Sektors ist die hier dargestellte Problembeschreibung nicht überraschend. Die Konkurrenz um geeignete Arbeitskräfte ist schon längst tief in den Strategien und Handlungsansätzen der Verantwortlichen verankert. Nicht die Kund:innen oder Klient:innen sind Ziel von Marketing und Kommunikation, sondern in erster Linie potenzielle Arbeitskräfte. Dabei steht jedoch in der Regel die Konkurrenz untereinander, also innerhalb des Sektors, im Mittelpunkt. Gegenseitiges Abwerben und Kampagnen, die sich gezielt an das Personal anderer Anbieter wenden, sind nicht selten. Teilweise werden hohe Anwerbeprämien gezahlt, mit denen Anbieter zum Beispiel Pflegefachkräfte an- aber eben auch abwerben. Auch Prämien für eigene Mitarbeitende, die Einstellungen vermitteln, sind vor allem in der Altenhilfe durchaus verbreitet. Im Hinblick auf die Gesamtversorgung und die Rahmenbedingungen für Beschäftigte insgesamt helfen derartige Strategien beispielsweise, wenn sie sich an Wiedereinsteiger:innen wenden. Ansonsten sind sie aber vor allem Symptom eines gravierenden Mangels.

Ebenso nehmen absehbar die Verschiebungstendenzen an den Nahtstellen der Berufsgruppen zu. Bessere Rahmenbedingungen in der Kurzzeitpflege in Krankenhäusern führen zu einem Sog aus der stationären Altenpflege; Verbesserungen in Kitas üben Druck auf die Jugendhilfe aus. Derartige Trends lassen sich bereits ansatzweise beobachten und dürften sich, wenn der Sektor insgesamt noch stärker unter Stress gerät, weiter verfestigen. Welche Auswirkungen das insgesamt hat, ob sich hier möglicherweise positive Effekte im Sinne besserer Bezahlung für derzeit besonders unterfinanzierte Arbeitsfelder abzeichnen, lässt sich derzeit nicht prognostizieren.

Die dargestellten Statistiken veranschaulichen, dass sich der Trend einer zunehmenden Konkurrenz um Arbeitskräfte weiter verschärfen wird. Prognosen gehen von einem weiter sinkenden Arbeitskräfteangebot in den kommenden 20 Jahren aus.

Gleichzeitig ist eine Verschiebung von Berufsqualifikationen hin zu mehr akademisch ausgebildeten Erwerbspersonen zu erwarten (Geis-Thöne, 2021, S. 2) – eine Entwicklung, die vor allem den Druck auf Erziehung und Pflege weiter erhöht. Je weniger es gelingt, die Beschäftigungssituation im sozialen Sektor insgesamt zu stärken, desto mehr erhöht sich der Konkurrenzdruck im Inneren.

Fakt ist: Der Mangel, der in diesem Buch noch einmal näher und detaillierter beleuchtet wird, ist ein sich kontinuierlich verschärfender Trend, und nichts spricht dafür, dass er absehbar gebrochen wird. Dass einfache Marktmechanismen nicht greifen, sondern die Rahmenbedingungen in einem komplexen Mehrebenensystem festgelegt werden, wird im folgenden Kapitel gezeigt.

4 Gefangen in den 90ern: Tiefgreifende Reformen zeichnen sich nicht ab

Dem sozialen Sektor liegen komplexe Refinanzierungsbedingungen und Governance-strukturen zugrunde. Entsprechend ist die Beschäftigung in diesem Sektor immer abhängig von staatlichen Leitbildern und dem Verhältnis von Staat, Markt und Gesellschaft zueinander. Nach wie vor dominieren die Prämissen des aktivierenden Staates und des New Public Management die Rahmenbedingungen. Typisch für diese Leitbilder ist die marktförmige Leistungserbringung, die nach wie vor im sozialen Sektor vorherrscht. Allerdings in einer eigentümlichen Ausprägung, denn der ‚Markt' findet zwischen den Leistungsanbietern statt; die Leistungen selbst werden dabei über detaillierte Leistungs- oder Vergabeverträge abgesichert. Aber es sind Träger der öffentlichen Verwaltung und der Sozialversicherungen, die über die Vergaben entscheiden und einseitig die Bedingungen festlegen. Und dabei wird – gerade vor dem Hintergrund knapper öffentlicher Haushalte – vor allem kostensparendes und ökonomisch effizientes Handeln erwartet. Dieses Setting verbirgt sich hinter dem Begriff Sozialwirtschaft, dessen normativen Gehalt wir in Kapitel 2 bereits kritisch reflektiert haben.

Bis zu den umfangreichen Reformen der 1990er Jahre war der Sektor vornehmlich von der Maxime der Subsidiarität geprägt. Gemeinnützige Träger der Freien Wohlfahrtspflege erbrachten Leistungen, die vom Staat wiederum garantiert und finanziert wurden. Oder anders ausgedrückt: „Zu den Besonderheiten des deutschen Sozialstaates zählt, dass er zu großen Anteilen eben nicht ‚Staat' ist." (Rock, 2019, S. 47) Ein Großteil der sozialen Leistungen im Sozialstaat wird durch die Zivilgesellschaft selbst und zivilgesellschaftlich verankerte Organisationen, in Form gemeinnütziger Leistungserbringung, bereitgestellt. Diese Maxime wurde durch eine neue Zielsetzung ergänzt und teilweise auch ersetzt, die davon geprägt war, dass „[...] nicht mehr gesellschaftliche Vielfalt und weltanschauliche Pluralität als maßgebliche Vergabekriterien für die Erbringung sozialer Dienste herangezogen werden, sondern die ökonomischen Prinzipien des Kontraktmanagements und der Qualitätskontrolle" (Heinze, 2011, S. 171).

Ingo Bode stellt einen Zusammenhang zur Beschäftigung direkt her: „Mit dem Trend zu mehr Einzelleistungsvergütung, einer stärker kompetitiven Mittelvergabe sowie dem zunehmenden ‚Beweisdruck' bei Preisverhandlungen musste immer mehr auf Verschleiß gefahren werden – mit spürbaren Konsequenzen, allen voran der Auslaugung von ‚Humankapital'." (Bode, 2021, S. 12) Für diese Entwicklung hat sich der Begriff der Ökonomisierung durchgesetzt, verstanden als „[...] zunehmende Relevanz von für die Wirtschaft typischen Handlungsorientierungen und Koordinierungsmodi, wie etwa Effizienz, Konkurrenz und Unternehmertum, gerade auch für nichtwirtschaftliche Arbeitsfelder" (Zimmer, 2014, S. 164).

Eine Folge der Übertragung dieser Prinzipen auf den sozialen Sektor war die Entstehung immer mehr privat-gewerblicher Angebote, die die gemeinnützigen Angebote verdrängten (Steinke, Zündorf und Wabrowetz, 2021). So ist die heutige Aufteilung in gemeinnützige, gewerbliche sowie kommunale Anbieter entstanden. Teile des Sektors sind durchaus attraktiv für Investoren. Das gilt vor allem für den Gesundheits- und Pflegebereich, teilweise auch für Kitas. Stark unterfinanzierte Arbeitsfelder, die sich an Klient:innen mit geringen Ressourcen wenden, bleiben unattraktiv und damit weiter Domäne gemeinnütziger Angebotsstrukturen. Dazu zählt etwa die Suchtberatung.

Eine weitere Folge war, dass sich auch die gemeinnützigen Anbieter, die auf demokratischen Strukturen und ehrenamtlichem Engagement beruhen, zunehmend „opportunistisch" und marktkonform ausrichteten (Bode, 2018, S. 813). Der Druck auf Beschäftigung blieb letztlich nicht auf gewerbliche Anbieter beschränkt, sondern war und ist auch im gemeinnützigen Bereich spürbar. Ohne diese Anpassung hätten die gemeinnützigen Organisationen möglicherweise nicht weiter existieren können. Allerdings gibt es immer noch erhebliche Unterschiede, die im Sinne guter Beschäftigung zugunsten der gemeinnützigen Leistungsanbieter ausfallen.

Nicht immer sind die politischen Einschnitte so tief wie in den 1990er Jahren. Stets aber ist Beschäftigung im sozialen Sektor zuallererst Gegenstand politischer Entscheidungen und erst nachrangig von Entwicklungen am Arbeitsmarkt abhängig. Zwar ist der Druck auf den Arbeitsmarkt im sozialen Sektor spürbar. Anpassungen der Rahmenbedingungen durch mehr Personal, höhere Gehälter oder Investitionen als marktförmige Reaktion sind jedoch nur insoweit möglich, als entsprechende Kostensteigerungen durch die politischen Vorgaben (zum Beispiel für die Sozialversicherungen) abgesichert und in den jeweiligen Vergaben berücksichtigt werden. In der Pflege, in der Tariflöhne und die entsprechenden Steigerungen im Rahmen der Pflegesätze von den Pflegekassen nach § 82c Abs. 1 SGB XI refinanziert werden müssen, sind die Anpassungsrestriktionen auf anderen Ebenen zu suchen. Die Pflegekassen haben eine starke Verhandlungsmacht in der gesamten, hochkomplexen Vergütungsgestaltung, an der neben den Kassen und Einrichtungsträgern auch die Kommunen als Sozialhilfeträger teilnehmen und die über Lohnkostenfinanzierung deutlich hinausgeht. Vorgegeben ist, dass die „Pflegesätze für alle Heimbewohner des Pflegeheimes nach einheitlichen Grundsätzen zu bemessen" sind und „eine Differenzierung nach Kostenträgern unzulässig" ist (§ 84, Abs. 3 SGB XI). Allein hieraus entsteht ein nachfrageseitiges strukturell angelegtes Monopol auf Seiten der Kassen gegenüber einer ausdifferenzierten Trägerlandschaft. Auch die an den Verhandlungen beteiligten Kommunen haben strukturell kein Interesse an höheren Kostensätzen, weil sie die steigenden Eigenanteile für die Bewohner:innen übernehmen, die dies aus eigener Kraft nicht leisten können. Schiedsstellen, die im Falle eines Scheiterns der Verhandlungen häufig angerufen werden, sind – das berichten die fachlich zuständigen Fach- und Führungskräfte der Verbände der Freien Wohlfahrtspflege – häufig langwierig und zäh. Letztlich sind in diesem System andere Faktoren als Tariferhöhungen, die der Verbesserung der Beschäftigungssituation dienen, nur bedingt durch- bzw. umzusetzen. Und selbst Kostensteigerungen durch höhere Tarifgehälter werden keineswegs so selbstverständlich übernommen wie es unter Betrachtung des Gesetzestextes vorgesehen ist (NDR, 16. März 2023). Im Verhandlungssystem um die Refinanzierung der Pflege kommen Komplexität und Zielkonflikte zum Ausdruck. Der

Druck auf die Kosten bleibt hoch, die Kassen und Kommunen sind zentrale Akteure in diesem Gefüge.

Zum anderen ist die Pflegeversicherung als Teilleistungssystem konzipiert, so dass (Personal-)Kostenerhöhungen in der Regel direkt dazu führen, dass die Eigenbeiträge der Pflegebedürftigen steigen. Von der Sozialversicherung wird nur ein fixer Zuschuss je nach Pflegegrad abgedeckt. Alles andere muss selbst oder durch die Sozialhilfe übernommen werden (Rothgang, 2023). In den letzten Jahren sind die Eigenanteile für die Pflegebedürftigen in der stationären Pflege deutlich gestiegen; weitere Steigerungen werden prognostiziert (Rothgang, 2023, S. 499). Ein von der Bundesregierung eingeführter mit Pflegedauer steigender Zuschlag für Pflegeheimbewohner:innen hatte nicht die gewünschten nachhaltigen Entlastungswirkungen (vdek, 27.07.22). Aufgrund dieser Zusammenhänge stellen sich in der derzeitigen Systematik im Zusammenhang mit höheren Personalkosten immer Fragen der Zumutbarkeit höherer Eigenanteile sowohl für die Pflegebedürftigen als auch für die Kommunen, die letztlich finanziell einspringen müssen.

Die Frage, bis wohin den Klient:innen selbst höhere Kosten zugemutet werden können, ist bei weitem nicht auf die Pflege beschränkt. Überall, wo sich diejenigen, die soziale Angebote wahrnehmen, direkt, also nicht allein über Steuern und Sozialversicherungsbeiträge, an den Kosten beteiligen, sind politische Abwägungen zu treffen und Anreizstrukturen in den Blick zu nehmen. Letztlich entscheiden normative Vorstellungen von Verteilung und Gerechtigkeit. Das zeigen beispielsweise die Debatten um die Kitagebühren, die in den meisten Bundesländern im Rahmen des so genannten Gute-Kita-Gesetzes zumindest teilweise abgeschafft wurden und die nicht zuletzt mit Erwartungen einer Erhöhung des Erwerbsvolumens von Müttern einhergingen (Huebener, Pape und Spieß, 2019).

Eine Verteuerung des Angebots, um die Beschäftigung angesichts einer Verknappung der Arbeitskräfte zu sichern, ist im verregelten und von komplexen Akteurskonstellationen geprägten sozialen Sektor nicht ohne weiteres möglich. Dass es sich um Märkte handelt, ist schließlich eine Lebenslüge des modernen Sozialstaats in Deutschland.

Bis heute werden dennoch das Leitbild des aktivierenden Staates und die Kerngedanken des New Public Management, also Ökonomisierung, Kontraktmanagement und Budgetierung, schlicht aus Mangel an Alternativen weiterverfolgt. Einrichtungen und Dienste berichten, dass die Steuerung durch Leistungsträger und Zuwendungsgeber bestehen bleibt, tendenziell eher zunimmt. Das gilt für alle Formen, in denen Leistungsverträge abgeschlossen werden. Vergabeverfahren werden sehr häufig mit hoher Rigidität auf soziale Leistungen angewandt und soziale Angebote einer simplen Wettbewerbslogik unterworfen (Saborowski und Steinke, 2021, S. 9; Novakovic, 2022).

Es ist paradox, dass einerseits die Bedarfe absehbar steigen, wenn demografischer Wandel, Veränderungen der Arbeitswelt und Folgen der Pandemie gleichzeitig mit einer postulierten sozial-ökologischen Wende zu bewältigen sind, während andererseits die Beschäftigung im sozialen Sektor immer stärker unter Druck gerät. Es ist derzeit nicht erkennbar, dass dieser Gegensatz aufgelöst wird. Obwohl sie für die Angebots- und Leistungsstruktur vor Ort maßgeblich ist und die Szenarien vor Ort besorgniserregend sind, wird die Debatte über die gegenwärtige und künftige Beziehung zwischen

Markt, Staat und Leistungserbringung allenfalls zaghaft und vereinzelt geführt. Das hat viele Gründe. Zum einen sind Aufbau, Refinanzierung, Anspruchssysteme und Strukturen überkomplex; zum anderen sind die Zuständigkeiten im föderalen Staat in einem komplexen Mehrebenensystem miteinander verflochten. Einfache Lösungen, die ansprechend genug für Parteienkommunikation sind, sind nicht zu finden.

Den sozialen Sektor haben wir hier statistisch erzeugt. Eine solche Kategorisierung ist sinnvoll, um die Leistungsfähigkeit des Sozialstaats zu erfassen. Ein Bewusstsein für Gemeinsamkeiten und gemeinsame Interessen über die einzelnen Arbeitsfelder des Sektors hinweg ist allerdings nicht erkennbar. In einem unserer Interviews wird dies offen beklagt: Fordere jemand einmal in den sozialen Medien ein hohes Gehalt beispielsweise für die Pflege, dann drohe direkt Gegenwind von Vertreter:innen anderer sozialer Berufe (MN, 25. November 2021). Die Debatte um Corona-Boni und der damit verbundene Wettlauf aller um die höchste Belastung bestätigt diese Einschätzung. Dieser Umstand hat etwas mit der sich verschärfenden Konkurrenz untereinander um Arbeitskräfte und Ausstattung zu tun. Insgesamt ist es eine Schwäche des Sektors, dass der Wettbewerb um Aufmerksamkeit und politische Berücksichtigung zwischen einzelnen Arbeitsfeldern höher ist als zwischen dem sozialen Sektor und anderen Sektoren.

Zum anderen reflektiert die geringe politische Aufmerksamkeit für Beschäftigung im sozialen Sektor die geringen Macht- und Einflussressourcen, mit denen die Interessen vertreten werden. Auf Basis einer Studie der Hans-Böckler-Stiftung konstatierte Wolfgang Schröder in Bezug auf ver.di im Jahr 2017 „ein massives kommunikatives Präsenzdefizit" (Schröder, 2017, S. 226). Am geringen Organisationsgrad der Gewerkschaft ver.di hat sich seitdem wenig geändert. Die Gewerkschaft kann zwar politisches Gewicht in die Waagschale werfen und verfügt über einschlägige Kommunikationsinstrumente, aber explizite Rückendeckung durch eine starke Mitgliedschaft hat sie nicht. Berufsverbände fassen ebenfalls kaum Fuß (Westerfellhaus, 2021; Sell, 2022). Bewegungen in Richtung einer unabhängigen Selbstverwaltung der Pflege durch Pflegekammern sind umkämpft. Um ihre Gründungen gab und gibt es erhebliche Auseinandersetzung mit ver.di; auf der Internetseite der Gewerkschaft heißt es beispielsweise: „Gute Arbeit und gute Pflege brauchen wirkungsvolle Maßnahmen, keine Pflegekammern." (ver.di, o.J.) Der Organisationsgrad der beruflich Pflegenden bleibt jedenfalls niedrig und wird insgesamt bei acht bis zehn Prozent taxiert (Westerfellhaus, 2021); hier sind alle Organisationen einbezogen: Fachverbände, Fachgesellschaften und Gewerkschaften. Die Pflege dürfte dabei noch ein Arbeitsfeld im sozialen Sektor sein, welches insgesamt einen vergleichsweise hohen Organisationsgrad aufweist. Die Artikulationsfähigkeit der Beschäftigten ist in der Gesamtsicht wenig ausgeprägt.

Wohlfahrtsverbände sind ebenfalls Sprachrohre für gute Beschäftigung und setzen sich für eine Verbesserung der Rahmenbedingungen aktiv ein. Allerdings sind sie als Arbeitgeber gleichzeitig Teil von Arbeitgeber-Arbeitnehmer-Auseinandersetzungen. Über Jahre haben sich einzelne Verbände und ver.di zudem auf die Durchsetzung eines flächendeckenden Tarifvertrags für die Pflege konzentriert – bislang ohne Erfolg. Den Prozess hat einer der Autor:innen dieses Bandes selbst mit begleitet und beobachtet. Die

Verhandlungen, die in dieser Sache innerhalb und zwischen den Verbänden und ver.di geführt wurden, haben in jedem Fall Aufmerksamkeit und Ressourcen gebunden, zu den Erwartungen und Zielen siehe Stadler und Mühlhausen (2017). Bemerkenswert ist, dass dieses Projekt einmal um das Jahr 2015 herum als Idee eines Tarifvertrags Soziales gestartet ist, also als umfassendes Konzept mindestens für eine bessere Entlohnung aller Beschäftigten im Sektor. Nach langem, zähem Ringen ist am Ende eine gescheiterte Initiative allein für die Pflege übriggeblieben. Das Scheitern wurde am Ende dem Deutschen Caritasverband angelastet, dessen Arbeitgeberseite im März 2021 gegen das Vorhaben stimmte; nur am Rande wurde in der Berichterstattung erwähnt, dass auch andere Verbände nicht oder nicht vollständig hinter dem Konzept standen; die Rolle von Bund, Ländern und Pflegekassen in der Frage der Finanzierung wurde ebenfalls nicht erwähnt oder höchstens gestreift (z. B. Klatt, 11.03.21). Letztlich ist die gescheiterte Initiative sinnbildlich: Eine aufwendige Bündelung der Kräfte von Arbeitgebern und Arbeitnehmern scheitert; so werden die daran Beteiligten schließlich für die schwierige Gesamtlage im Personalbereich verantwortlich gemacht. Die Rolle weiterer Akteure wie Kassen und Kommunen bleibt weitgehend unbeachtet.

Über Wohlfahrtsverbände, Gewerkschaften und Berufsverbände hinaus wird das Thema Beschäftigung von einer unübersichtlichen und wachsenden Anzahl von Interessengruppen artikuliert. Dies folgt dem Gesamttrend einer zunehmenden Ausdifferenzierung der Interessenvertretung (Quittkat, 2019). Die Anzahl an Gruppen, Organisationen und Einzelpersonen, die nach Einfluss auf politische Entscheidungen streben, steigt seit Jahren in hohem Maße. Auch die Interessenvertretungen aus der Zivilgesellschaft heraus haben sich stark gewandelt. Hier spielen Digitalisierung und soziale Medien eine große Rolle. Informationen stehen heute umfassend zur Verfügung. Einzelne Personen mit hoher Followeranzahl können dadurch schneller reagieren, analysieren und bewerten als große und komplexe Organisationen. Sie verweisen auf Notstände, Belastungen und Herausforderungen in ihren jeweiligen Arbeits- und Berufsfeldern und treffen damit zunehmend auf Politiker:innen, die gerade verstärkt den Kontakt zu so genannten Testimonials suchen und tendenziell weniger auf eine gebündelte Interessenartikulation durch Verbände und Gewerkschaften setzen.

Eine umfassende Netzwerk- oder Akteursanalyse ist nicht das Hauptthema in diesem Band und kann hier nicht geleistet werden. In der Gesamtsicht zeigt sich eine Mischung aus politischer Ideen- und Konzeptlosigkeit, einem föderalen Dickicht, hohen Komplexitäten und einer unübersichtlichen Zahl an Akteur:innen mit einer Kakophonie an Forderungen und Vorschlägen. Tiefgreifende Reformen haben es in diesem Gesamtsystem schwer. Es scheint in den 1990ern gefangen zu sein.

5 Empirische Analyse der Beschäftigungsbedingungen und -qualität im sozialen Sektor

Die in diesem Buch verwendeten Datengrundlagen werden im Anhang genauer beschrieben (siehe Kap. 8). Ebenfalls im Anhang finden sich außerdem weiterführende methodische Erläuterungen sowie detaillierte Tabellen zu den hier vorgestellten Befunden.

In diesem Kapitel untersuchen wir den Sektor im Hinblick auf zentrale Beschäftigungsbedingungen sowie deren Auswirkung auf die Qualität von Beschäftigung. Es geht um Befristungen, Leiharbeit, Teilzeit, Schichtdienst, Löhne, Tarife, Mitbestimmung sowie um subjektive Arbeitsqualität und Arbeitszufriedenheit insgesamt. Vorausgeschickt sei eine Erinnerung daran, dass die Einrichtungen und Betriebe unter hohem Druck agieren. Einerseits sind sie politischen Rahmenbedingungen unterworfen; andererseits müssen sie sich denselben Fragen hinsichtlich ihrer Personalpolitik stellen wie die meisten Betriebe (vgl. Struck, 2006; Struck et al., 2021; Hohendanner und Möller, 2022): Wie viele Arbeitskräfte werden (wann) benötigt? Welche Qualifikationen und Kompetenzen müssen sie mitbringen?[11] Wie gelingt es, über die Spielräume bei Entlohnung, Arbeitsbedingungen und Wertschätzung attraktiv für Arbeitskräfte zu sein, um sie auf dem Arbeitsmarkt rekrutieren und binden zu können? Dabei bestehen grundsätzlich drei zentrale Herausforderungen:

1. Das Management muss vorausschauend agieren und personalpolitisch (immer öfter) mit kurzfristigen nicht zu erwartenden Veränderungen in ihrer Umwelt umgehen, zum Beispiel wenn sich soziale Problemlagen verändern oder gar in Krisensituationen massiv verschärfen.
2. Die Verfügbarkeit von Arbeitskräften muss im Blick behalten werden; Engpässen können Unternehmen durch mehr Engagement in der Ausbildung teilweise begegnen oder die eigenen Prozesse und Tätigkeitsprofile anpassen.

---

11 Die Sicherstellung der Verfügbarkeit von geeigneten Fach- und Arbeitskräften ist eine der zentralen Fragen bzw. die zentrale Frage dieses Buches, ob und wie überhaupt die Verfügbarkeit ausreichend qualifizierter Arbeitskräfte auf dem Arbeitsmarkt sichergestellt ist oder sichergestellt werden kann. Die Bewältigung dieser Herausforderung ist voraussetzungsreich und betrifft viele Stellschrauben: die eigene Attraktivität und Rekrutierungsfähigkeit im Wettbewerb um (qualifizierte) Arbeitskräfte aus dem In- und Ausland, die Beteiligung der Einrichtungen an der Weiterentwicklung des Berufs- und Ausbildungssystems, die Anpassung der Arbeitsprozesse an das vorhandene „Humankapital" und die Frage, inwieweit der Arbeitskräftebedarf über technische Hilfsmittel und Möglichkeiten der Automatisierung und Digitalisierung reduziert werden kann.

3. Die Mitarbeitenden müssen gehalten werden; dafür braucht es Wege der Entschä-
    digung und Wertschätzung von Arbeit. Neben der individuellen Entlohnung und
    Mitarbeitendenpflege ist die Einbettung der Betriebe und Organisationen in das
    institutionalisierte System tarifvertraglicher und betrieblicher Mitbestimmung
    wichtig, da dort Arbeits- und Beschäftigungsbedingungen ausgehandelt und maß-
    geblich beeinflusst werden.

In einer Zeit des sich verschärfenden Fach- und Arbeitskräftemangels erhalten die genannten Herausforderungen noch einmal besonderes Gewicht.

Das Agieren im Krisenzeitalter erfordert zudem besonderes Geschick, um ein
möglichst günstiges Verhältnis zwischen Stabilität und Flexibilität bzw. Anpassungsfähigkeit herzustellen (Struck et al., 2021, Hohendanner und Möller, 2022). Das zur
Verfügung stehende betriebliche Instrumentarium ist vielfältig und bezieht sich zum
einen auf interne Anpassungen mit dem bestehenden Personal, zum anderen auf
Maßnahmen, die auf den externen Arbeitsmarkt gerichtet sind. Interne Anpassungen
des Arbeitsvolumens der Belegschaft erfolgen maßgeblich über Arbeitszeitanpassun-
gen – über die Anordnung oder das Abfeiern von Überstunden, die Organisation von
Zeitkonten oder den Einsatz von Teilzeit und geringfügiger Beschäftigung. Zu den auf
den externen Markt gerichteten Maßnahmen zählen wiederum Einstellungen und
Entlassungen, der Einsatz von Befristungen und Leiharbeit oder der Rückgriff auf externe Dienstleister.

5.1 Befristete Verträge verlieren an Bedeutung, Leiharbeit im Aufwärtstrend

Um ihre personalpolitische Anpassungsfähigkeit sicherzustellen, nutzen Arbeitgeber
unter anderem ‚flexible‘ oder ‚atypische‘ Erwerbsformen wie befristete Verträge,
Leiharbeit oder Honorarverträge. So reagieren sie auf Unsicherheiten hinsichtlich des
perspektivisch zu erwartenden Arbeitskräftebedarfs, zeitlich und finanziell begrenz-
ter Projektarbeit, saisonalem Mehrbedarf oder Ausfällen im Stammpersonal. Zugleich
helfen Teilzeitverträge und geringfügige Beschäftigung bei geringerer Arbeitsnach-
frage oder wenn soziale Hilfen und andere Dienstleistungen aufgrund der zeitlichen
Lage des Bedarfs nicht über ‚Nine-to-Five-Jobs‘ zu bewerkstelligen sind. Vor dem Hintergrund des zunehmenden Fach- und Arbeitskräftemangels sind diese Instrumente
ein wichtiges Mittel, um mit Personalknappheit umzugehen; sie tragen aber zum Teil
auch zu deren Verschärfung bei.

Befristete Verträge spielen traditionell im sozialen Sektor eine größere Rolle als
in der übrigen Wirtschaft. Zentrale Gründe hierfür sind zeitlich begrenzte Projektfinanzierungen durch die öffentliche Hand insbesondere in Bereichen, die nicht unter
die Regelfinanzierung fallen sowie geförderte Beschäftigung im Rahmen arbeits-
marktpolitischer Maßnahmen, die oft im sozialen Sektor angesiedelt sind. So waren

15 Prozent der Verträge im Jahr 2021 befristet aufgrund von arbeitsmarktpolitischen Förderungen (übrige Sektoren: 4 Prozent). Zentral dürften zudem im frauendominierten sozialen Sektor Vertretungsbefristungen aufgrund von Eltern- und Erziehungszeiten sein, verstärkt durch Beschäftigungsverbote bei Schwangerschaften in Arbeitsfeldern, in denen die Arbeitnehmerinnen vermehrt Infektionskrankheiten ausgesetzt sind. Schließlich erfüllen befristete Verträge häufig die Funktion einer verlängerten Probezeit. Gleichwohl – und das dürfte auf den steigenden Fachkräftebedarf bzw. die zunehmende generelle Knappheit an Arbeitskräften zurückzuführen sein – verlieren Befristungen im sozialen Sektor zunehmend an Bedeutung (Abbildung 13).

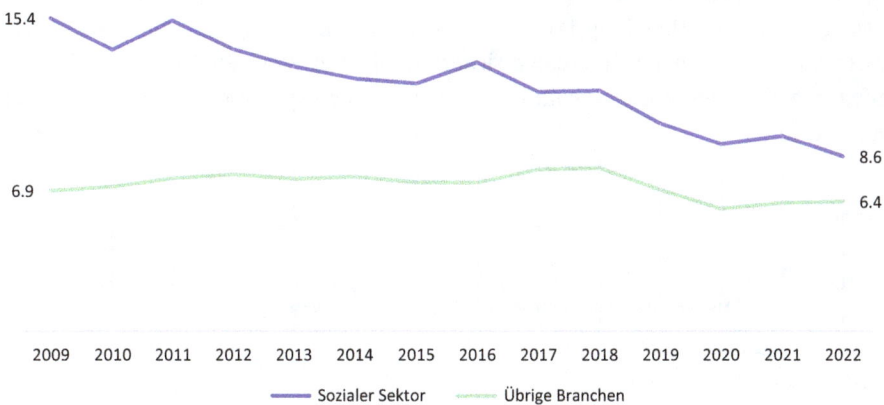

Abbildung 13: Befristungen im sektoralen Vergleich.
Quelle: IAB-Betriebspanel, hochgerechnete Werte, Anteile an den betrieblich Beschäftigten ohne Auszubildende, in Prozent.

Dies dürfte insbesondere in der Altenpflege oder in den Kitas der Fall sein, wo besonders viele Kräfte gebraucht werden. Auch wenn befristete Beschäftigungsverhältnisse in einigen Arbeitsfeldern des sozialen Sektors häufig als ‚normal' angesehen werden, haben sie Auswirkungen auf die Erwerbssituation und -chancen der Beschäftigten. Sie gehen mit geringerer Beschäftigungssicherheit einher und erschweren die individuelle Lebensplanbarkeit. Vor allem junge Arbeitnehmer:innen werden befristet, was dazu führt, dass die Phase der beruflichen Etablierung und die Phase der Familienplanung in ungünstiger Weise zusammentreffen. Wie die Analysen der Daten des Panels Arbeitsmarkt und soziale Sicherung zeigen, sind befristet Beschäftigte eher geneigt, ihre Stelle für mehr Beschäftigungssicherheit zu wechseln (Tabelle A 21).[12] Es ist plausibel anzunehmen, dass im Wettbewerb um Arbeitskräfte Stellenangebote mit unbe-

---

12 Vgl. zu den hier verwendeten Daten Kap. 8.1.

fristeten Verträgen bessere Besetzungschancen aufweisen als befristete Stellen. Einzelne Arbeitsfelder müssen angesichts der Gesamtentwicklung als besonders gefährdet angesehen werden: Aus der Schulsozialarbeit wurde zum Beispiel von Fällen berichtet, in denen Beschäftigte nur für das Schuljahr einen Vertrag erhalten, sich aber über die Sommerferien arbeitslos melden müssen, um dann im neuen Schuljahr wieder eine Anstellung zu erhalten (HA, 2021). Es ist fraglich, ob derartige Angebotsstrukturen auf dieser Basis aufrechterhalten werden können.

Auch Leiharbeit ist ein Instrument externer Flexibilität, das nicht nur für Auftragsspitzen genutzt wird, sondern ebenso für den Umgang mit Personalengpässen. Wenngleich der Leiharbeit immer wieder große Wachstumschancen im sozialen Sektor eingeräumt werden und ein Wachstum tatsächlich zu beobachten ist (vgl. Bundesagentur für Arbeit, 2023), verbleibt ihr Anteil – ähnlich wie in den übrigen Branchen – auf niedrigem Niveau (Abbildung 14). Nach Angaben der Bundesagentur für Arbeit (2023) waren gut zwei Prozent aller sozialversicherungspflichtig Beschäftigten in den Pflegeberufen in einem Leiharbeitsverhältnis angestellt. Dies entspricht dem bundesdeutschen Durchschnitt.

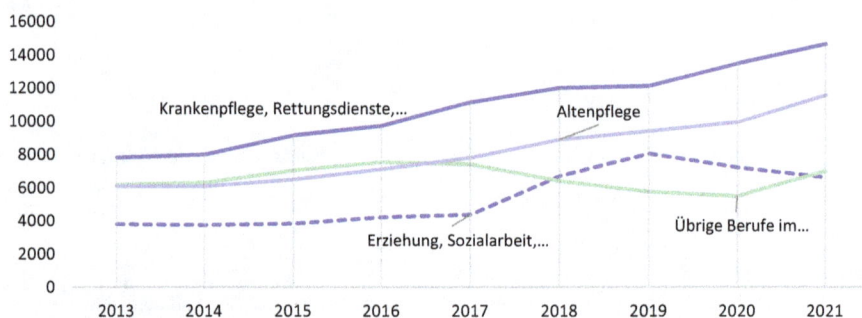

Abbildung 14: Leiharbeit – Soziale Berufe in der Arbeitnehmerüberlassung.
Quelle: DataWarehouse der Bundesagentur für Arbeit, eigene Zusammenstellung.
Sozialversicherungspflichtig Beschäftigte nach Berufen im Wirtschaftszweig Vermittlung und Überlassung von Arbeitskräften.

Betrachtet man die Entwicklung der Anzahl sozialversicherungspflichtig Beschäftigter im Wirtschaftszweig „Vermittlung und Überlassung von Arbeitskräften" in der Berufsgruppe „Gesundheit, Soziales, Lehre und Erziehung", zeigt sich, dass sich die Anzahl insgesamt zwischen 2013 und 2021 von knapp 24.000 auf knapp 40.000 nahezu verdoppelt hat (Tabelle A 14). Der größere Teil dieser Beschäftigten hat dabei einen Beruf mindestens auf Fachkraftniveau. Auffällig ist der Anstieg insbesondere in den Pflegeberufen.

Dabei geht der Einsatz von Personaldienstleistern nicht nur von den Arbeitgebern aus, sondern Arbeitskräfte wechseln teilweise gezielt zu Personaldienstleistern. Gründe sind unter anderem die dort geltenden geregelten Arbeitszeiten und der bessere Schutz vor der Anordnung von Überstunden, denen Festangestellte bei Arbeitskräfteknappheit ausgesetzt sind (Schäfer, 2017). Zu diesem Schluss kommt auch der vom Institut für Angewandte Wirtschaftsforschung (IAW) in Tübingen durchgeführte Evaluationsbericht zum Arbeitnehmerüberlassungsgesetz (AÜG). Er stellt – unter Verweis auf methodische Einschränkungen – fest: „So stellt sich der Wechsel in die Arbeitnehmerüberlassung und/oder ein Verbleib in diesem Segment für Beschäftigte als attraktiv dar, da die Arbeitsbedingungen häufig besser sind als für Beschäftigte der Stammbelegschaft (Interview 26). Neben einem stärkeren Einfluss auf die Arbeitsbedingungen (Schichtplan, Wochenend- und Feiertagsdienst, etc.) können auch vergleichbare und oftmals höhere Löhne erzielt werden (Interview 25).“ (Brändle et al., 2022, S. 131)

Pflegeeinrichtungen setzen die für sie ‚teure‘ Leiharbeit häufig dann ein, wenn sie Engpässe in der Belegschaft ausgleichen müssen, etwa bei krankheitsbedingten Ausfällen, besonderen Belastungsspitzen oder zur Überbrückung von Vakanzen.

Krankenhäuser sprechen sich nach einer von der Deutschen Krankenhausgesellschaft in Auftrag gegebenen Umfrage für rechtliche Einschränkungen aus. Dies ist Ausdruck eines hohen Drucks, der auf den Einrichtungen lastet. Moniert werden Qualitätsprobleme, hoher Einarbeitungsaufwand sowie Konflikte mit der Stammbelegschaft (Blum, Löffert und Schumacher, 2022). Ein Grund für die Konflikte liegt in der erwähnten Besserstellung, also darin, dass Leiharbeitskräfte mehr verdienen, Überstunden bezahlt bekommen und bessere Gestaltungsmöglichkeiten ihrer Arbeitszeit haben (Stadler, 2023). Organisatorische Probleme können hinzukommen, wenn kurzfristig eingesetzte Leiharbeitskräfte die Abläufe in Einrichtungen nicht kennen. Schließlich birgt der Einsatz von ständig wechselndem Personal das Risiko, dass die Lebensqualität der Patient:innen beeinträchtigt wird, denn gerade Langzeitpflege lebt von sozialen Beziehungen und Beziehungsaufbau zwischen pflegender und gepflegter Person (Union Krankenversicherung, 2021). Dieser Aspekt dürfte generell bei sozialen Hilfen gelten, bei denen die soziale Beziehung zwischen Klient:in und Personal von Relevanz ist. Kurzfristig wechselndes Personal – sei es über die Arbeitnehmerüberlassung, befristete Verträge oder andere Konstellationen – dürfte der Qualität der ‚Dienstleistung‘ eher abträglich sein.

Die Bundesregierung versucht, gesetzgeberisch einer weiteren Ausdehnung von Leiharbeit in der Langzeitpflege aktiv entgegenzuwirken. So hat sie das SGB XI dahingehend geändert, dass „die bereits für die Entlohnung von Beschäftigten von Pflegeeinrichtungen geltenden Wirtschaftlichkeitsgrundsätze auf die Wirtschaftlichkeitsbewertung von Überlassungsentgelten für Leiharbeitskräfte in Pflegeeinrichtungen [übertragen werden]. Insbesondere soll die Anerkennung von Entgelten für die Vermittlung von Leiharbeitskräften nicht mehr als wirtschaftlich angesehen werden können. Damit soll insgesamt vermieden werden, wirtschaftliche Anreize für die Beschäftigung von Leiharbeitskräften zu setzen“ (Wissenschaftliche Dienste des Deutschen Bundestags, 2023,

S. 19). Mit anderen Worten: Mehrkosten höherer Löhne und Vermittlungsgebühren werden von Pflegekassen künftig nicht oder nicht mehr ausgeglichen.

Ob die gewünschten Effekte eintreten und der Trend einer wachsenden Bedeutung von Leiharbeit in der Pflege gestoppt werden kann, bleibt abzuwarten. Mit den oben erwähnten Einschränkungen gehen neue Möglichkeiten einher, Springerpools und neue personelle Ausfallkonzepte für die Stammbelegschaft zu etablieren. Ob und in welchem Umfang diese tatsächlich umgesetzt werden (können), ist derzeit nicht absehbar. Gleiches gilt für die Frage, wie sich die Regelungen in der Praxis auf die Einrichtungen auswirken, wenn diese am regulären Arbeitsmarkt keine Stellenbesetzungen realisieren können. Kaum vorhersehbar ist zudem, wie sich die Beschäftigten verhalten, wenn die Reformen greifen und Leiharbeit in der Pflege wirksam eingeschränkt würde. Kehren die Beschäftigten unter diesen Voraussetzungen aus der Leiharbeit in die reguläre Beschäftigung zurück, der sie zugunsten höherer Löhne und besserer Arbeitsbedingungen den Rücken gekehrt hatten? Oder wandern sie möglicherweise ganz in andere Berufsfelder ab? (Steinke und Fehrecke-Harpke, 2023). Letzteres würde den Arbeitskräftemangel verschärfen und damit die Arbeitssituation in vielen Einrichtungen verschlechtern.

Insgesamt legt die quantitative Draufsicht auf den Gesamtsektor nahe, dass der Einsatz von Leiharbeit kein präferiertes Instrument ist, zumal es bei zunehmendem Einsatz vielmehr eine Belastung darstellt und für Arbeitgeber eher teuer ist. Akuter Handlungsdruck macht den Einsatz von Leiharbeit jedoch vielerorts unumgänglich. In der Pflege ist Leiharbeit – analog zum Krankenhaussektor – zu einem politischen Thema und zum Gegenstand gesetzgeberischer Eingriffe in den Arbeitsmarkt geworden. Ein Grund dafür ist der Trend einer stetigen Zunahme von Leiharbeit. Wie sich diese Interventionen auswirken, ist ungewiss.

Anders als Leiharbeit sind befristete Verträge im sozialen Sektor sehr weit verbreitet. Dies ist in einigen Arbeitsfeldern durch die jeweiligen Rahmen- und Finanzierungsbedingungen induziert. Gelänge eine Eindämmung von Befristungen, dann stiege die Beschäftigungsqualität mit positiven Folgen für den Gesamtsektor.

5.2 Teilzeit ist eher die Regel als die Ausnahme, Schichtdienst gehört häufig dazu

Eine große Hebelwirkung bezüglich des Fach- und Arbeitskräftebedarfs besteht in der Arbeitszeit der Beschäftigten. Deutlich über 50 Prozent der Beschäftigten arbeiten nach Daten des IAB-Betriebspanels im sozialen Sektor in Teilzeit gegenüber etwa 30 Prozent in den übrigen Branchen (Abbildung 15).

Ein Trend hin zu weniger Teilzeit ist trotz zunehmender Personalknappheit auf Basis der vorliegenden Daten nicht erkennbar, im Gegenteil, Teilzeitarbeit gewinnt im sozialen Sektor, gesamtwirtschaftlich und auch bei Männern eher an Bedeutung. Ein immer wieder vorgebrachter Grund für die Relevanz von Teilzeitarbeit im sozialen Sek-

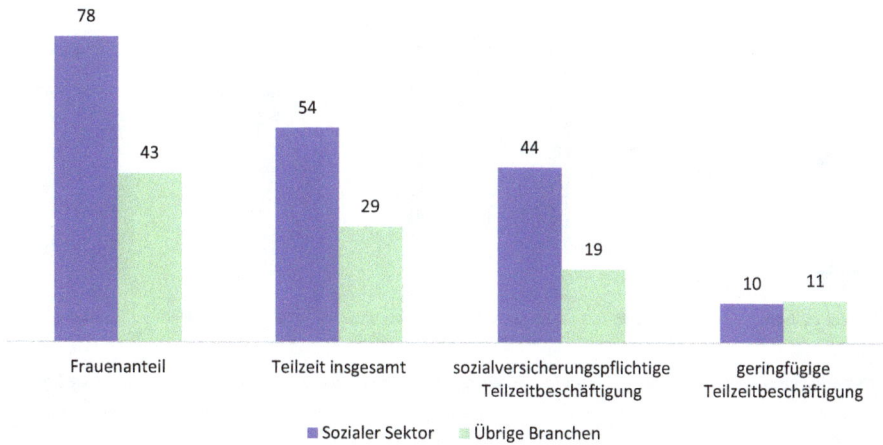

Abbildung 15: Teilzeitanteile in den Betrieben im sektoralen Vergleich.
Quelle: IAB-Betriebspanel, hochgerechnete Werte, Anteile an der betrieblichen Gesamtbeschäftigung in Prozent.

tor ist der hohe Anteil der Frauen an den Beschäftigten (Abbildung 15) in Kombination mit unzureichenden Betreuungsangeboten für Kinder und einer weiterhin viel zu geringen Beteiligung von Männern an familiärer Sorgearbeit. Etwa jede zehnte Frau würde gerne durchschnittlich zwölf Wochenstunden länger arbeiten (Hellwagner et al., 2022). Damit wäre nicht nur für den sozialen Sektor viel gewonnen. Die Förderung von Vollzeit- oder vollzeitnahen Beschäftigungen – vor allem dort, wo sie von den Beschäftigten gewünscht wird –, scheint bei Betrachtung der Teilzeitquoten als ausbaufähig.

Die Betrachtung der Teilzeitquoten von Frauen nach Altersgruppen (Abbildung 16) zeigt zudem, dass es hier nicht nur um die institutionelle Einbettung und Organisation der Betreuung kleiner Kinder geht. Die Teilzeitquoten steigen bei Frauen im Alter ab 45 Jahren noch an. Hier dürften weniger die Betreuung kleiner Kinder, als vielmehr kulturell-tradierte Aspekte sowie die Pflege von Eltern und steuerliche Anreizstrukturen eine Rolle spielen. Jedenfalls zeigen die altersspezifischen Teilzeitquoten, dass die Möglichkeit auf Rückkehr in Vollzeit und Anreize für Vollzeit für Frauen (und Männer) gestärkt werden müssen, die sich nicht in der Familienphase mit kleinen Kindern befinden. Ein weiterer Aspekt spielt eine wichtige Rolle: Soziale Dienstleistungstätigkeiten werden oftmals aufgrund hoher Arbeitsbelastungen nicht in Vollzeit und nicht über ein komplettes Erwerbsleben ausgeübt (Hipp, Kelle und Ouart, 2017, S. 200–203). Der einfache Verweis darauf, dass Teilzeit vor allem von den Arbeitnehmer:innen explizit gewünscht wird, um Familie und Beruf angesichts fehlender alternativer Betreuungsangebote besser vereinbaren zu können, greift insofern zu kurz.

Die betrieblichen und personalpolitischen Strukturen im (west-)deutschen Beschäftigungssystem haben sich über Jahrzehnte komplementär zum Familien- und Ge-

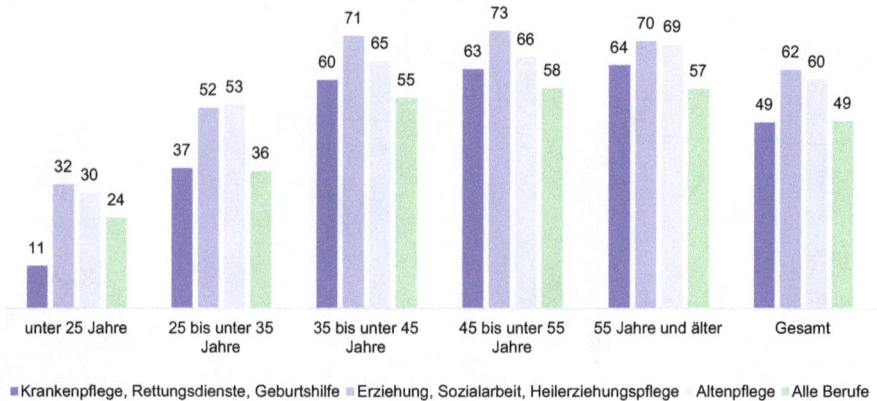

Abbildung 16: Teilzeitquoten von Frauen im Jahr 2021 nach Alter.
Quelle: DataWarehouse der Bundesagentur für Arbeit, eigene Zusammenstellung. Teilzeitanteile in Prozent bei sozialversicherungspflichtig beschäftigten Frauen.

schlechterregime eingerichtet. Teilzeitarbeit hat aus betrieblicher Sicht eine Reihe von Vorteilen: Soziale Bedarfe richten sich nicht nach Büroöffnungszeiten und lassen sich nicht immer über Acht-Stunden-am-Stück-Beschäftigungen erbringen. Mit regulären oder geringfügigen Teilzeittätigkeiten können Bedarfsspitzen abgefedert und Leerlaufzeiten vermieden werden, etwa in stationären Bereichen, die besonders von Arbeitsspitzen gekennzeichnet sind (z. B. morgens zum Frühstück in einem Pflegeheim). Teilzeitarbeit ist zudem oft produktiver, weil Tätigkeiten im Kontext knapper Budgets schlicht in kürzerer Zeit erbracht werden müssen. Insofern kommt eine Teilzeitbeschäftigung auch der Flexibilität und Anpassungsfähigkeit der Betriebe entgegen (Wanger, 2006 sowie Hipp, Kelle und Ouart, 2017, S. 199).

Deutliche Nachteile gegenüber den übrigen Branchen zeigen sich hinsichtlich der Arbeitszeitregulierung im sozialen Sektor. Vor allem wechselnde Arbeitszeiten in Form von Schichtarbeit und Nachtschichten spielen im sozialen Sektor eine weitaus größere Rolle als in den meisten anderen Branchen (vgl. Abbildung 17). Dieser Umstand dürfte ein zentraler Nachteil im Wettbewerb um Arbeitskräfte sein, zumal wechselnde Arbeitszeiten mit einer niedrigeren Arbeitszufriedenheit einhergehen (vgl. Kapitel 5). Insgesamt sind Tätigkeiten im Schichtdienst, vornehmlich in stationären Einrichtungen, oft unbeliebter und daher schwerer zu besetzen.

Die Gemengelage aus Schichtdiensten, vielen Teilzeitbeschäftigungsverhältnissen und den Schwierigkeiten vieler Beschäftigter, Familienarbeit und Beruf zu vereinbaren, zeigt sich auch aus betrieblicher Sicht (Abbildung 18). Mit 38 Prozent ist der Anteil der Betriebe im sozialen Sektor, die angeben, Schwierigkeiten bei der Koordinierung der Arbeitszeiten zu haben, doppelt so hoch wie in den übrigen Branchen.

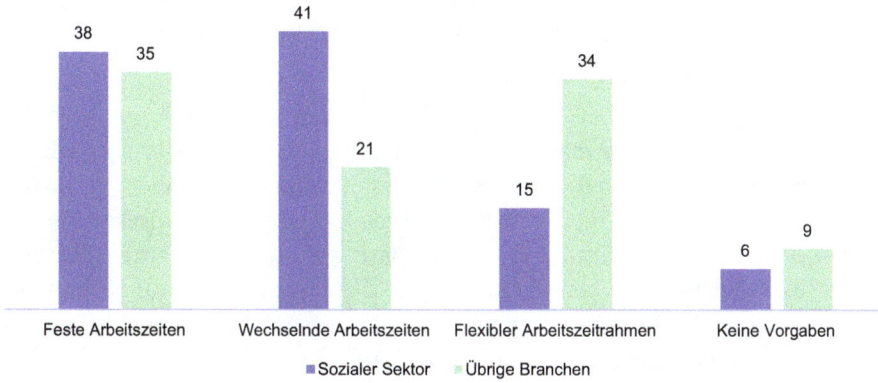

Abbildung 17: Arbeitszeitregulierung im sektoralen Vergleich.
Quelle: PASS Wellen 2016–2021, hochgerechnete Werte, Anteile.

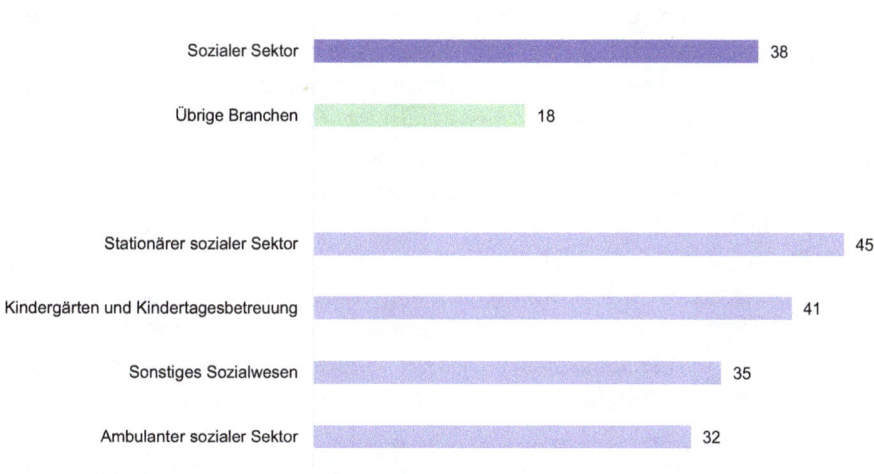

Abbildung 18: Betriebe mit Schwierigkeiten bei der Arbeitszeitkoordinierung.
Quelle: IAB-Betriebspanel, Anteile der Betriebe mit dem jeweiligen erwarteten Personalproblem an allen Betrieben in Prozent, hochgerechnete Werte.

Besonders ausgeprägt scheinen die Probleme in den stationären Einrichtungen, in denen häufig Schicht- und Nachtdienste koordiniert werden müssen.

5.3 Der Care Pay Gap ist ein Kernproblem des Sektors, Tarifbindung und Mitbestimmung sind verbreiteter als öffentlich dargestellt

Neben Nachteilen bei den Arbeitszeiten zeigen sich im sozialen Sektor nach wie vor deutliche Unterschiede in der durchschnittlichen Bezahlung gegenüber der übrigen Wirtschaft. Betrachten wir zunächst die unbereinigte Lohnlücke zwischen dem sozialen Sektor und den übrigen Sektoren auf Basis der Daten des Betriebs-Historik-Panels (BHP) des IAB (vgl. hierzu Kap. 8) zeigt sich, dass der sektorale Lohnunterschied in den letzten Jahren abgenommen hat, aber dennoch auch im Jahr 2021 bei Vollzeitbeschäftigten noch 17 Prozent beträgt (Abbildung 19). Mit anderen Worten: Wer im sozialen Sektor Vollzeit arbeitet, erhält durchschnittlich 17 Prozent weniger Lohn als Beschäftigte, die in einem anderen Sektor Vollzeit arbeiten[13]. Was sagt dieser Care Pay Gap aus? Plakativ formuliert werden Vollzeittätigkeiten im sozialen Sektor monetär geringer wertgeschätzt als in anderen Branchen.

Man mag einwenden, dass sich der Lohnunterschied durch Bereinigung bzw. Berücksichtigung zusätzlicher Faktoren – ähnlich wie beim Gender Pay Gap – verringern würde, auflösen wird er sich nicht vollständig. Angesichts des hohen Frauenanteils lässt sich der Care Pay Gap auch mit dem Gender Pay Gap erklären. Es drängt sich, wie Brenke et al. feststellen, „[...] der Eindruck auf, dass das Lohnniveau immer noch von der unseligen Tradition beeinflusst ist, Arbeit von Frauen nur unterdurchschnittlich zu bezahlen" (Brenke, Schlaak und Ringwald, 2016, S. 314). Eine Schließung des Care Pay Gaps hätte in jedem Fall positive Auswirkungen auf den Gender Pay Gap und umgekehrt. Angesichts eines sich verschärfenden Wettbewerbs um Fach- und Arbeitskräfte wird sich ungeachtet dessen zunehmend die gesellschaftspolitische Frage stellen, welche Tätigkeit wieviel wert sein muss und ob das Lohngefüge im sozialen Bereich so gestaltet ist, dass ausreichend Fach- und Arbeitskräfte in diesem Feld rekrutiert und gehalten werden können.

Besonders ausgeprägt ist der Care Pay Gap bei Hochqualifizierten (Abbildung 19 und Tabelle A 18). Hier lag der Verdienstunterschied im Jahr 2021 immerhin bei 32 Prozent oder – bezogen auf die durchschnittlichen Bruttomonatslöhne – bei gut 2000 Euro monatlich (vgl. Tabelle A 18). Bei Geringqualifizierten geht er dagegen deutlich zurück. Das wiederum dürfte ein Ergebnis der Mindestlohneinführung sowie von Tariflohnerhöhungen über Sockelbeträge, die vor allem den unteren Lohngruppen zugutekommen einerseits und der Reaktionen des Arbeitsmarkts andererseits sein. Im

---

[13] Einschränkend sei hier erwähnt, dass wir auf Basis des BHPs lediglich Durchschnittslöhne und keine Medianlöhne ausweisen können. Dies bedeutet theoretisch, dass wenige Beschäftigte mit sehr hohen Löhnen Durchschnittwerte nach oben ziehen können. Dies wäre bei Medianlöhnen nicht der Fall.

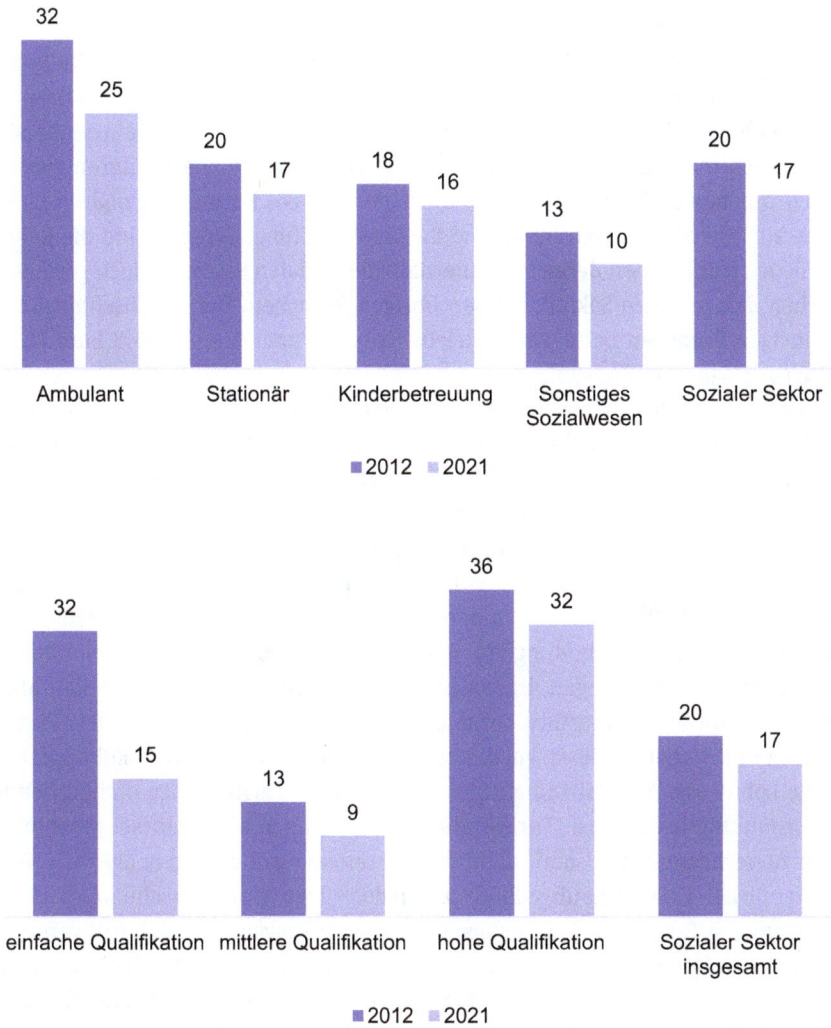

Abbildung 19: Care Pay Gap: Lohnunterschiede zwischen sozialem Sektor und den übrigen Branchen. Quelle: Betriebs-Historik-Panel 2012–2020. Unbereinigte Lohnunterschiede in %. Betriebliche Bruttomonatsverdienste (Mittelwerte, Ø) der Vollzeitbeschäftigten gewichtet mit Anzahl der Vollzeitbeschäftigten. Care Pay Gap: ((Ø Bruttomonatsverdienst übrige Branchen – Ø Bruttomonatsverdienst sozialer Sektor)/Ø Bruttomonatsverdienst übrige Branchen)*100. Aufgrund von Umstellungen der BA-Statistik Darstellung ab dem Jahr 2012.

Niedriglohnbereich existierten die größten Spielräume in der Refinanzierung, die langsam ausgeschöpft werden (müssen), um Stellen noch besetzen zu können.

Trotz aller Bemühungen in Richtung Akademisierung zahlt sich ein Studium im sozialen Sektor weniger aus – jedenfalls nicht im Vergleich zu den übrigen Branchen. Bei der Lohngestaltung offenbaren sich Unterschiede zwischen den einzelnen sozialen Sektoren innerhalb des sozialen Sektors (Tabelle A 18). Sie variieren zwischen 3018 Euro in den ambulanten sozialen Diensten und 3861 Euro in stationären Einrichtungen zur psychischen Betreuung und Suchtbekämpfung. Generell sind die Lohnunterschiede zwischen den Bereichen innerhalb des sozialen Sektors jedoch geringer als zwischen dem sozialen Sektor und den übrigen Branchen. Der Durchschnittslohn in den übrigen Branchen beträgt im Betriebs-Historik-Panel des IAB 4143 Euro (zu den Datengrundlagen vgl. Kap. 8.1).

Auch wenn sich mittlerweile ein weites Verständnis von Arbeitsqualität durchgesetzt hat, das eine ganze Reihe von Aspekten berücksichtigt, bleibt die Entlohnung ein zentraler Aspekt von Arbeitsqualität (Clark, 2015). Der Lohn ist in einer erwerbszentrierten Arbeitsgesellschaft der zentrale Faktor für individuellen Wohlstand und gesellschaftliche Teilhabe. Welche Bedeutung die Löhne schließlich für die Betriebe und ihre Rekrutierungsmöglichkeiten haben, zeigt der einfache Zusammenhang zwischen dem Anteil offener Stellen in den Betrieben und der durchschnittlichen Lohnhöhe der Belegschaft (Abbildung 20). Betriebe, deren Durchschnittslöhne über dem Branchendurchschnitt liegen, haben geringere Anteile unbesetzter Stellen als Betriebe, die unterdurchschnittlich bezahlen. Haben Betriebe Schwierigkeiten, Personal zu finden und Stellen zu besetzen, dürfte die Lohnhöhe eine wichtige Rolle spielen.

Die Löhne und Arbeitsbedingungen werden durch Tarifverträge und betriebliche Mitbestimmung beeinflusst. Tarifbindung wird vielfach als Schlüssel gesehen, um Löhne zu verbessern und somit dem Arbeitskräftemangel entgegenzuwirken. Der in der öffentlichen Debatte häufige Eindruck, in der Pflege werde ausschließlich schlecht und nicht nach Tarif bezahlt, ist jedoch teilweise irreführend. Tatsächlich werden sieben von zehn Beschäftigten im sozialen Sektor nach Tarif bezahlt. Insbesondere in gemeinnützigen Betrieben, die die Mehrheit der Fachkräfte im sozialen Sektor beschäftigen, ist die Tarifbindung weit verbreitet (Tabelle A 15). Im Gegensatz zur allgemeinen Entwicklung ist im sozialen Sektor kein kontinuierlicher Rückgang der Bedeutung der Tarifbindung festzustellen. Die betriebliche Mitbestimmung spielt eine größere Rolle als in den übrigen Branchen (Tabelle A 15). Allerdings zeigt sich eine starke Zersplitterung der tarifvertraglichen und betrieblichen Mitbestimmungsmöglichkeiten – insbesondere zwischen den gemeinnützigen (und öffentlichen) Einrichtungen auf der einen und gewerblichen Betrieben auf der anderen Seite. So arbeiten über 50 Prozent der Beschäftigten in gewerblichen Betrieben des sozialen Sektors, die weder tarifgebunden sind noch über einen Betriebs- oder Personalrat verfügen (Tabelle A 15). Im gemeinnützigen Bereich trifft das auf gut zwanzig Prozent der Beschäftigten zu.

Mit dem 1. September 2022 und der Einführung einer verpflichtenden tariflichen Bezahlung in der Altenpflege schien jedoch Bewegung in die Tarifstruktur gekommen

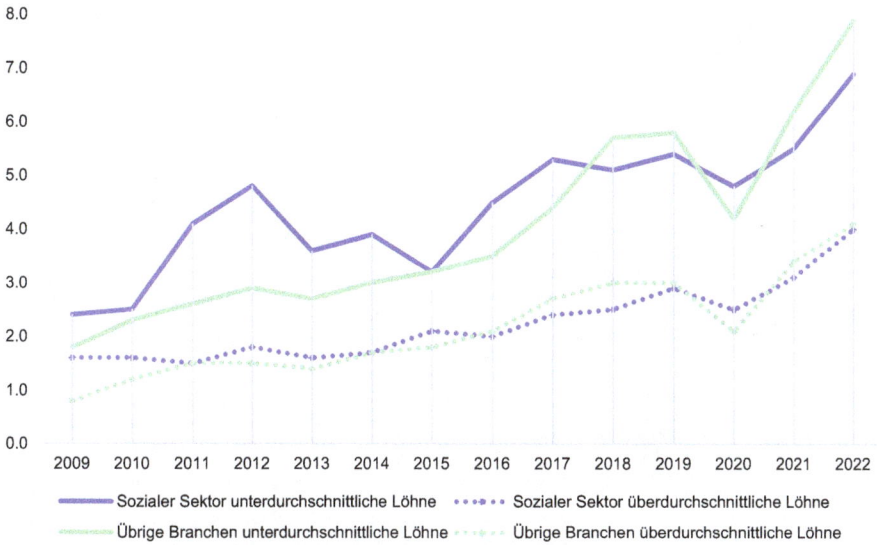

Abbildung 20: Anteil der unbesetzten Stellen nach Durchschnittslöhnen.
Quelle: IAB-Betriebspanel, hochgerechnete Werte. Die Lohndurchschnitte wurden separat für 43 Branchen und getrennt für Ost- und Westdeutschland berechnet, d. h. Betriebe mit unterdurchschnittlichen Löhnen haben in Bezug auf ihre Branche und getrennt für Ost- und Westdeutschland niedrigere Durchschnittslöhne pro Kopf als der Branchendurchschnitt. Alle betrieblichen Durchschnittlöhne liegen entweder unter oder über dem (exakten) branchenspezifischen Durchschnittslohn.

zu sein. Schon im Vorfeld, zwischen 2021 und 2022, hatte sich der Anteil der Beschäftigten in tarifgebundenen Betrieben in gewerblichen Einrichtungen gegen den allgemeinen Trend von 27 auf 43 Prozent erhöht (Abbildung 21).

Es bleibt abzuwarten, wie sich der Care Pay Gap in den nächsten Jahren entwickelt. Die allgemeinen Lohnsteigerungen spiegeln sich in den subjektiven Einschätzungen der Betriebe bezüglich ihrer erwarteten Personalprobleme: Der Anteil der Betriebe, die hohe Löhne als Personalproblem angeben, erhöhte sich zwischen 2018 und 2022 deutlich (Abbildung 22).

Während das Lohnproblem in den letzten Jahren eher eine geringe Rolle spielte, erwarteten im Jahr 2022 immerhin 45 Prozent der Betriebe des sozialen Sektors Probleme aufgrund hoher Lohnkosten. Die allgemeinen Preissteigerungen und Energiekosten dürften in diese Problemwahrnehmung einfließen, wenngleich sich die genauen Zusammenhänge nicht aus den Daten ablesen lassen.

Insgesamt ist der Care Pay Gap weiterhin ein zentrales Problem des sozialen Sektors. Verstärkend kommt hinzu, dass der Wettbewerb um Arbeitsplätze zwischen Sektoren deutlich härter geworden ist. Beide Befunde zusammengenommen stimmen im Hinblick auf eine Reduzierung der Mangellage wenig optimistisch. Andererseits sind Tarifbindung und Mitbestimmung deutlich stärker ausgeprägt als es die öffentlichen und

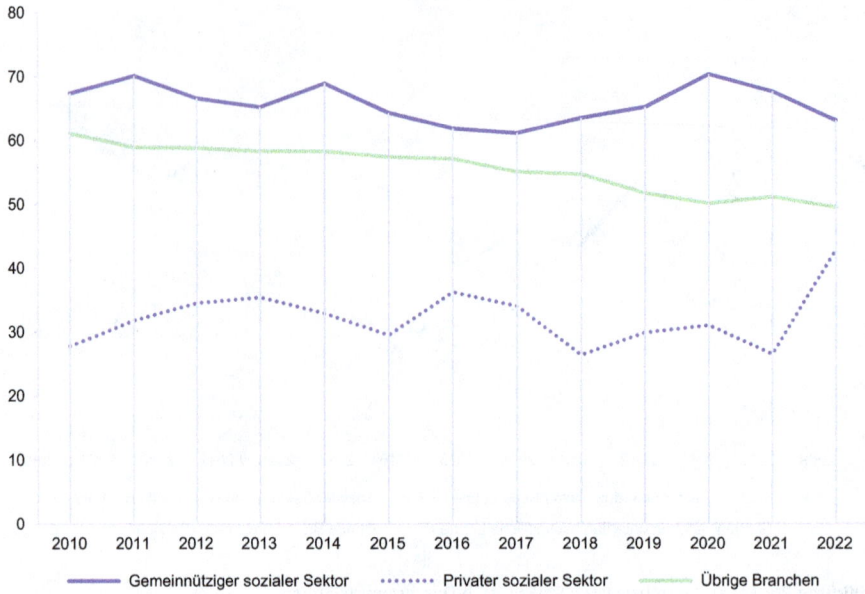

Abbildung 21: Entwicklung der Tarifbindung im gewerblichen und gemeinnützigen sozialen Sektor. Quelle: IAB-Betriebspanel, hochgerechnete Werte, Anteil der Beschäftigten in Prozent, fallzahlbedingt ohne öffentliche Einrichtungen des sozialen Sektors.

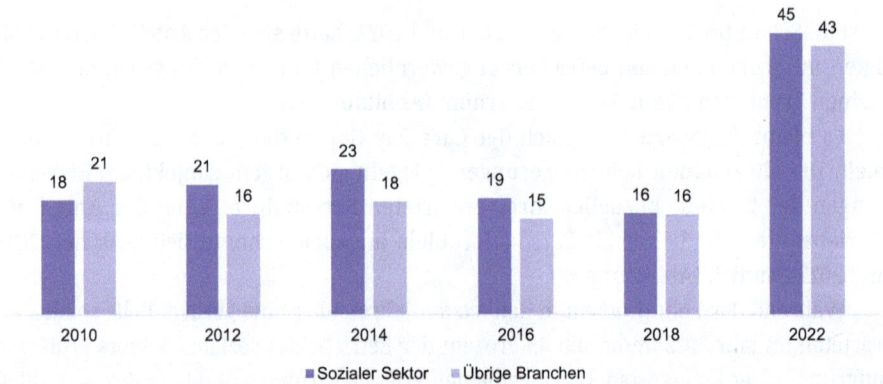

Abbildung 22: Personalprobleme der Betriebe im sozialen Sektor: Hohe Lohnkosten. Quelle: IAB-Betriebspanel, hochgerechnete Werte, Anteil der Betriebe in Prozent.

politischen Debatten nahelegen. Dabei spielt die Gemeinnützigkeit eine wichtige Rolle. Eine weitere Verlagerung der Angebotserbringung weg von gemeinnützigen Einrichtungen hin zu gewerblichen Anbietern stünde somit im Widerspruch zu den politischen Bemühungen, die Tarifbindung im sozialen Sektor und darüber hinaus auszuweiten.[14]

5.4 Analyse der Arbeitsqualität lenkt den Blick auf mögliche Ansätze gegen den Mangel

In einem Arbeitsmarkt, in dem Arbeitnehmer:innen zunehmend wählen können, wo sie arbeiten wollen, wie sie arbeiten wollen und wann sie arbeiten wollen, spielt die Qualität von Beschäftigung eine entscheidende Rolle. Neben objektiven Kriterien wie Vertragslaufzeit oder Entlohnung wirken eine ganze Reihe Faktoren, die sich unmittelbar auf die Qualität der Arbeit selbst beziehen und damit auf die Gewinnung und Bindung von Fachkräften. Gute Arbeitsbedingungen tragen dazu bei, dass Beschäftigte produktiver sind, eher beim gleichen Arbeitgeber bleiben und seltener krank werden (Clark, 2015). Schlechte Arbeitsbedingungen sind immer auch ein Kostenfaktor, insofern sie zu häufigeren Kündigungen und (teils langwierigen) Nachbesetzungen führen. Stellenausschreibungen, Suchkosten, personelle Mehrbelastung durch unbesetzte Stellen, Einarbeitungszeiten etc. verursachen erhebliche Kosten.

Eine Herausforderung bei der empirischen Analyse der Qualität von Arbeit ist, dass sich im Lebensverlauf verändert, was in die subjektive Bewertung der Qualität von Arbeit mit welchem Gewicht einfließt. Schichtarbeit zum Beispiel mag Beschäftigte zu Beginn ihrer beruflichen Laufbahn nicht stören. In späteren Jahren, insbesondere in der Familienbildungsphase, wird sie aber häufig zur Belastung. Beschäftigungsqualität ist insgesamt ein konzeptionell unscharfer Begriff; es ist ebenso schwer fassbar, wie sich die Qualität von Arbeit weiter auswirkt (Piasna et al., 2017). Dennoch: Wenn der soziale Sektor nach Strategien sucht, dem Arbeits- und Fachkräftemangel zu begegnen, dann ist ein Verständnis dessen sehr wertvoll, was – jenseits der Lohnhöhe – Arbeitsqualität ausmacht, wie sie die Arbeitszufriedenheit beeinflusst und inwiefern ihr Fehlen letztlich das Risiko erhöht, dass die Beschäftigten ihre Stelle wechseln.

Wir konzentrieren uns auf drei Aspekte von Beschäftigungsqualität und deren Auswirkungen auf die Arbeitszufriedenheit: (1) objektive Belastung im Sinne von physischen Belastungen und nachteiligen Arbeitszeiten, (2) psychosoziale Arbeitsbelastung und (3) intrinsische Arbeitsqualität. Vielfach wird Arbeitszufriedenheit als globaler Indikator subjektiv wahrgenommener Arbeitsqualität herangezogen. Eine Schwierigkeit dabei ist, dass die Arbeitszufriedenheit in einer deskriptiven Betrachtung in der Regel relativ hoch ist und sich nur geringe Unterschiede zwischen einzelnen Ländern, Bran-

---

14 Betriebe müssen keinem Tarifvertrag folgen. Sie können alternativ auch ihr Gehalt an einen regionalen Tarifvertrag "anlehnen" oder sich an einem von den Kassen festgelegten Lohnniveau orientieren.

chen, sozialen Gruppen etc. aufzeigen lassen (vgl. Achatz und Gundert, 2017, S. 9). Dieser Befund gilt auch für Beschäftigte in sozialen und gesundheitsbezogenen Berufen. Auch sie sind mit Abstufungen insgesamt eher zufrieden mit ihrer Arbeit (vgl. Kap. 5.5). Doch welche Faktoren beeinflussen Arbeitszufriedenheit? Um Antworten auf diese Frage zu finden, wird ein multivariater Analyseansatz herangezogen. Dabei geht es im Folgenden unter anderem darum, welche Rolle objektive gegenüber subjektiven Aspekten von Arbeit spielen und inwiefern sie sich im sozialen Sektor von anderen Branchen in ihrer Gewichtung unterscheiden.

Physische Belastung im sozialen Sektor

Die körperliche Belastung, die in einem bestimmten Beruf aufgrund der in diesem Beruf typischen Tätigkeiten auftritt, ist ein Aspekt von Beschäftigungsqualität. Der Overall-Physical-Exposure-Index (OPI) gibt Auskunft über das typische Maß körperlicher Belastungen auf der Ebene von Berufsfeldern. Dazu gehören ergonomische Belastungen (zum Beispiel das Heben schwerer Lasten oder Arbeiten in Zwangshaltungen) und Umgebungsbelastungen (etwa Arbeiten bei Hitze, bei Lärm oder mit gefährlichen Stoffen). Höhere Werte auf der zehnstufigen Skala stehen für stärkere Belastungen (Achatz und Gundert, 2017). Das typische Maß physischer Belastung liegt über alle Berufe hinweg ziemlich in der Mitte der Skala (bei 5,3). Auch im Arbeitsfeld Erziehung, Sozialarbeit und Heilerziehung entspricht die typische physische Belastung in etwa dem Durchschnitt. Demgegenüber verortet sich die Altenpflege bei fast 8,9 und die Gesundheits- und Krankenpflege immer noch bei 7,8 (vgl. Abbildung 23). Pflegerische Tätigkeiten sind in der Regel belastender für den Körper als zum Beispiel beratende Tätigkeiten, die oft eher psychisch belastend sind.

Abbildung 23: Physische Belastung im sektoralen Vergleich.
Quelle: PASS 2016–2021, gepoolte Daten, hochgerechnete Mittelwerte. Höhere Werte auf der zehnstufigen Skala stehen für stärkere Belastungen.

Physische Belastungen sind insofern problematisch für die Qualität von Beschäftigung, weil sie regelmäßig mit gesundheitlichen Beschwerden in Verbindung gebracht werden (vgl.Dragano, 2016). Bei nicht-akademischen Tätigkeiten treten sie häufiger auf als bei Tätigkeiten, die eine Hochschulausbildung erfordern. Gerade in der Altenpflege gehört das Heben schwerer Lasten in vielen Tätigkeitsfeldern täglich dazu. Entsprechend bewerten Beschäftigte in der Altenpflege ihre Gesundheit schlechter als Beschäftigte in anderen Sektoren (vgl. Tabelle A 20 im Anhang). Ein schlechterer Gesundheitszustand schlägt sich in den Krankentagen nieder. Laut Dachverband der Betriebskrankenkassen gehören Beschäftigte in der Altenpflege zu den Berufsgruppen mit den meisten Krankentagen (vgl. Knieps, Pfaff und Bas, 2021).[15] Insgesamt sind Fehl- und Krankheitstage im sozialen Sektor ein großes Problem, das sich seit der Pandemie noch einmal massiv verschärft hat (vgl. Tabelle A 11 zur Entwicklung der Personalprobleme seit 2012). Wenn viele Fachkräfte ausfallen, das wurde in der Corona-Pandemie sichtbar, erhöht sich zunächst einmal das Arbeitspensum für diejenigen, die (noch) da sind. In der Folge ist die Arbeit noch ein Stück anstrengender und belastender. Ab einem bestimmten Punkt können die verbleibenden Fachkräfte die Personalausfälle nicht mehr kompensieren. Dann müssen soziale Dienste und Angebote eingeschränkt werden. Betten in Pflegeheimen bleiben leer, Kitaplätze können nicht besetzt werden oder Eltern werden gebeten, ihre Kinder Tage- oder stundenweise selbst zu betreuen.

Gesundheitliche Belastungen können in der Kombination mit Arbeitskräftemangel in einer Abwärtsspirale enden. Präventionsangebote sowie häufigere Pausen, Rückzugsorte und eine angemessene technische Ausstattung spielen eine wichtige Rolle, um dies zu verhindern. Neue Techniken und Digitalisierung bergen ebenfalls Chancen. Darüber hinaus liegt es nahe, Führungskräfte explizit über Weiterbildung und Coaching dafür zu sensibilisieren, bei Mitarbeitenden besondere Belastungen möglichst frühzeitig zu erkennen, anzusprechen und im Dialog Lösungen zu entwickeln.

Psychosoziale Arbeitsbelastung

Neben der physischen Belastung spielt in der Bewertung von Beschäftigungsqualität die psychosoziale Belastung eine wichtige Rolle. Wir orientieren uns am so genannten Effort-Reward-Imbalance-Modell (Achatz und Gundert, 2017). Demnach bedingt ein Ungleichgewicht zwischen dem Einsatz der Beschäftigten und den monetären wie nicht-monetären Belohnungen durch den Arbeitgeber psychosozialen Stress. Wenn

---

15 Als Gründe werden vor allem psychische Erkrankungen angegeben, die insgesamt in Berufen, die mit Menschen zu tun haben, häufiger auftreten als zum Beispiel Arbeitsunfälle oder Muskel-Skelett-Erkrankungen (Rennert, Kliner und Richter (2021).

dadurch so genannte „Gratifikationskrisen" hervorgerufen werden, hat das negative Effekte auf die Gesundheit der Beschäftigten (ebd., S. 6). Um Effort und Reward auf einer Skala abzubilden, werden die subjektiven Einschätzungen der Beschäftigten zu den in Abbildung 24 aufgeführten Aussagen addiert.

Effort	A: Aufgrund des hohen Arbeitsaufkommens besteht häufig hoher Zeitdruck.
	B: Bei meiner Arbeit werde ich häufig unterbrochen und gestört.
	C: Im Laufe der letzten beiden Jahre ist meine Arbeit immer mehr geworden
Reward	D: Ich erhalte von meinem Vorgesetzten bzw. einer entsprechend wichtigen Person die Anerkennung, die ich verdiene.
	E: Die Aufstiegschancen in meinem Betrieb sind schlecht.
	F: Ich erfahre – oder erwarte – eine Verschlechterung meiner Arbeitssituation.
	G: Mein eigener Arbeitsplatz ist gefährdet.
	H: Wenn ich an all die erbrachten Leistungen und Anstrengungen denke, halte ich die erfahrene Anerkennung für angemessen.
	I: Wenn ich an all die erbrachten Leistungen und Anstrengungen denke, halte ich meine persönlichen Chancen des beruflichen Fortkommens für angemessen.
	J: Wenn ich an all die erbrachten Leistungen denke, halte ich mein Gehalt bzw. meinen Lohn für angemessen

Abbildung 24: Psychosoziale Arbeitsbelastung – Items.
Quelle: Effort-Reward-Imbalance-(ERI)-Skala Antwortskala für Items A–J: (1) „stimme gar nicht zu", (2) „stimme nicht zu", (3) „stimme zu" und (4) „stimme voll zu". Die Skalenwerte der Items E, F und G wurden vor der Berechnung des ERI-Wertes umgepolt, sodass höhere Werte für höhere Gratifikationen stehen (Gundert, Kosyakova und Fendel, 2020, S. 3).

Dass insbesondere die gesundheitsbezogenen und pflegerischen Berufe eine hohe psychosoziale Belastung aufweisen, ist spätestens seit der Corona-Pandemie ins öffentliche Bewusstsein gelangt. Die Daten des PASS bestätigen dies. Das subjektiv erlebte Ungleichgewicht zwischen Einsatz (‚Effort') und Belohnung (‚Reward') ist in Beschäftigungsverhältnissen in der Gesundheits-/Krankenpflege mit Abstand am stärksten ausgeprägt. In der Altenpflege ist das Verhältnis zwischen Einsatz und Belohnung ebenfalls schlechter (siehe Abbildung 25) als in anderen Branchen.

Welche Aspekte der Beschäftigung tragen insbesondere zu diesem Ungleichgewicht bei? In der Gesundheits- und Krankenpflege sind die Einschätzungen von Einsatz und Belohnung im Vergleich zu den anderen Berufsfeldern des sozialen Sektors in vielerlei Hinsicht deutlich schlechter[16]: So erleben deutlich mehr als 80 Prozent der Beschäftigten in der Gesundheits- und Krankenpflege häufig hohen Zeitdruck. Ebenfalls fast 80 Prozent berichten von häufigen Unterbrechungen und erfahren eine kontinuierliche Zunahme des Arbeitspensums. Ein ähnliches Bild offenbart die Altenpflege, mit der Einschränkung, dass Unterbrechungen der Arbeit etwas seltener eine Rolle

---

16 Vgl. zu den Einzelitems der Effort-Reward-Imbalance Tabelle A 20 im Anhang.

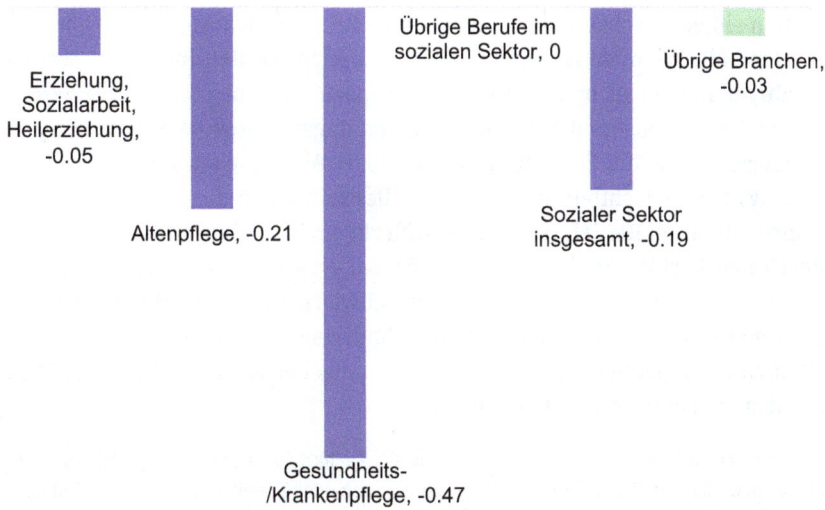

Abbildung 25: Ungleichgewicht zwischen Belastungen und Belohnungen.
Quelle: PASS 2016–2021, gepoolte Daten, hochgerechnete Mittelwerte, eigene Darstellung,
(Effort-Reward-Imbalance, von − 1 bis + 1).

spielen. Aus der Praxis wird immer wieder von der Herausforderung berichtet, Zeitdruck, Arbeitspensum und fachlichen Anspruch miteinander zu vereinbaren. Auch hier wirkt sich der Arbeitskräftemangel zusätzlich negativ aus. In Gesprächen monieren Pflegekräfte etwa, dass sie aufgrund fehlenden Personals immer wieder aus FreiZeiten in den Dienst gerufen werden (müssen).

> Also die größte Herausforderung ist eigentlich jeden Tag, den unmöglichen Spagat zwischen Wirtschaftlichkeit und Qualität, sprich, zwischen zu niedrigen Personalschlüsseln und zu viel Zeit, die man eigentlich bräuchte, um so alles fachlich korrekt zu machen. (HC, 29. November 2021)

In den sozialen Medien kritisieren Beschäftigte die Lage inzwischen deutlich. In Bezug auf die Arbeitsbelastung und Gefahren einer drohenden Überlastung entfaltet der Mangel an ausreichendem Personal seine beobachtbare Wirkung. Gleichzeitig spielen gewachsene Selbstsicht und Kommunikationsmuster eine Rolle. In den pflegerischen und gesundheitsbezogenen Berufen ist der Diskurs in hohem Maße defizitorientiert und negativ. Presse und Medien bemühen immer wieder das Bild der erschöpften Pflegefachkraft, ebenso der politische Diskurs. Das ist nicht erst seit der Corona-Pandemie so und mag einen Einfluss auf die Selbstwahrnehmung sowie die Erwartungen an die künftige Entwicklung haben. Zwar keine Mehrheit, aber doch ein deutlich höherer Anteil der Beschäftigten im sozialen Sektor erwartet eine Verschlechterung der eigenen Arbeitssituation oder erfährt sie bereits.

Der von Beschäftigten erbrachte Einsatz sollte im Idealfall mit den erfahrenen Belohnungen in einem Gleichgewicht stehen. Gerade im sozialen Sektor ist das aber häufig nicht der Fall. Wichtige Aspekte von Gratifikation werden insgesamt weniger positiv wahrgenommen als in anderen Berufsgruppen. Auch hier sind es die Beschäftigten in der Gesundheits- und Krankenpflege und in geringerem Maß Beschäftigte in der Altenpflege, die auf der Belohnungsseite häufiger Abstriche machen.

Allerdings gibt es Lichtblicke. So schätzen Beschäftigte in der Altenhilfe die Aufstiegschancen in ihrem Betrieb seltener als schlecht ein als andere Berufsgruppen. Bedingt durch den Fachkräftemangel sind Aufstiege vergleichsweise schnell möglich. Das ist in anderen sozialen Arbeitsfeldern oft schwieriger, auch weil die Organisationsstrukturen vielfach eher flach sind. In der Kindertagesbetreuung zum Beispiel bedeuten Aufstiegsperspektiven häufig den Ausstieg aus der als besonders sinnstiftend empfundenen erzieherischen Arbeit mit Kindern.

> Also es gibt kaum Fachkarrieremöglichkeiten für die Fachkräfte in dem Arbeitsfeld. Du (...) bist Erzieherin, du kannst eine Gruppenleitung übernehmen oder Erzieher, klar auch 7% immerhin Männer in dem Arbeitsfeld. So, und dann ist eigentlich darüber Leitung oder Fachberatung dann die nächste Möglichkeit und bei Fachberatungen spätestens ist man [raus] aus der Arbeit mit Kindern, teilweise sogar schon in der Leitungsfunktion. So, das heißt eigentlich, die Karrieremöglichkeiten, die man jetzt im Moment im Bereich Kindertagesbetreuung bietet, die auch mit einer Lohnsteigerung einhergehen, führen raus aus dem Feld oder aus der Arbeit mit Kindern. (US, 24. November 2021)

In den Arbeitsfeldern der sozialen Arbeit sind Entwicklungsperspektiven rar. Ein Grund dafür ist die häufig zeitlich begrenzte Projektfinanzierung, die auch ursächlich für befristete Beschäftigungsverhältnisse ist (siehe oben). Das sind denkbar schlechte Voraussetzungen für persönliche Weiterentwicklung.

Zumindest im Arbeitsfeld der Altenpflege und im Arbeitsfeld Erziehung, Sozialarbeit und Heilerziehung scheint die so wichtige Anerkennungskultur insgesamt stärker ausgebildet zu sein als in anderen Arbeitsfeldern. Hier fühlen sich Beschäftigte im Mittel eher von Vorgesetzten wertgeschätzt als Beschäftigte in anderen Arbeitsfeldern. Beschäftigte in der Gesundheits- und Krankenpflege schätzen die ihnen entgegengebrachte Anerkennung dagegen häufiger als Beschäftigte in anderen Arbeitsfeldern als zu gering ein.

Was alle drei Berufsgruppen des sozialen Sektors deutlich seltener als angemessen bewerten, ist der Lohn im Verhältnis zu ihrem Arbeitseinsatz. Besonders schlecht fällt die Einschätzung in den Arbeitsfeldern der Altenpflege und der Gesundheits- und Krankenpflege aus. Im Abschnitt 5.3 haben wir das Thema Gehalt und Care Pay Gap ausführlich beschrieben. Zu dem objektiv niedrigeren Gehalt kommt hinzu, dass der Aufwand oft als unverhältnismäßig erlebt wird. So beschreibt ein Fachexperte, der selbst früher in der Altenpflege arbeitete, die Situation anschaulich:

Es gibt keine Dienstplansicherheit. Durch Krankheitsausfälle wird man jederzeit angerufen, um einzuspringen. Daraus ergeben sich natürlich auch Sozialbelastungen, alleine schon aus dem Schichtsystem heraus. Man arbeitet oft am Wochenende, man arbeitet oft in der Nacht. Und dann ist es schwierig, quasi soziale Kontakte zu pflegen. Und ja, also Thema persönliche Gesunderhaltung und sowas alles, ja, das ist halt ein Riesenfeld und dazu noch halt unter gefühlter Gratifikationskrise. Also, dass man das Gefühl hat, dass man quasi so am Rande der Armutsgrenze existiert und halt dann aber jeden Tag halt immer wieder an seine Grenzen gehen muss und darüber hinaus. Das ist schon eine krasse Situation. Das ist schwierig. (HC, 29. November 2021)

Die bereits diskutierte, im sozialen Sektor weit verbreitete Teilzeitarbeit ist auch hier beim Thema Aufstieg ein Hindernis. Enttäuschte Aufstiegs- und Gehaltserwartungen können zentrale Gründe für Unzufriedenheit mit der eigenen Beschäftigung sein (siehe auch Hipp, Kelle und Ouart, 2017, S. 200). Modelle von Führung in Teilzeit, zum Beispiel durch Job Sharing, sind im sozialen Sektor bislang kaum verbreitet. In besonders herausfordernden Arbeitsfeldern stellt sich angesichts der beobachteten Belastungen zudem die Frage, inwieweit Vollzeit überhaupt auf Dauer sinnvoll und machbar ist.

Insgesamt offenbart die Betrachtung der psychosozialen Belastung im sozialen Sektor einerseits ein differenziertes Bild mit vielen positiven Aspekten, aber andererseits einige Stellschrauben, mit denen Verbesserungen zu erzielen wären. Wo das Ungleichgewicht zwischen wahrgenommener Belastung einerseits und Belohnung andererseits zu groß wird, sind ähnlich wie bei der physischen Belastung negative Auswirkungen auf Gesundheit und Arbeitszufriedenheit wahrscheinlicher. Das ist weder für die Beschäftigten noch für die Betriebe oder die Gesellschaft wünschenswert. Fallen Beschäftigte aus, weil sie krank sind oder sich einen anderen Job gesucht haben, beschleunigt sich die Abwärtsspirale, die Qualität der sozialen und gesundheitsbezogenen Leistungen ist in Gefahr.

Ein weiterer Aspekt von Belastung, der in den Gesprächen mit Fachexpert:innen immer wieder auftauchte, liegt in der Natur der sozial ausgerichteten Tätigkeit selbst. In den Arbeitsfeldern des sozialen Sektors arbeiten Menschen, die anderen Menschen helfen wollen. Dabei haben sie oft hautnah mit persönlichen Schicksalen zu tun. Das ist emotional und psychisch belastend, gerade auch in der Beratung besonders vulnerabler Personengruppen wie Asylsuchender, Suchtkranker, Wohnungsloser oder verschuldeter Menschen. Wenn Rahmenbedingungen so schwierig sind, dass sich bei den Beschäftigten der Eindruck verfestigt, dass sie mit ihrer Arbeit kaum etwas oder gar nichts mehr ausrichten können, übersteigt das irgendwann bei vielen die Frustrationstoleranz und führt in letzter Konsequenz zum Verlassen des Arbeitsfeldes. Insofern ist eine angemessene Personal- und Ressourcenausstattung der Einrichtungen und Angebote im sozialen Sektor essenziell für eine wirkungsvolle und damit erfüllende Tätigkeit für die einzelnen Beschäftigten.

Intrinsische Arbeitsqualität

Die intrinsische Arbeitsqualität basiert auf der subjektiven Einschätzung von vier Größen[17]: 1) des Ausmaßes an Autonomie am Arbeitsplatz, 2) der kognitiven Anforderungen, 3) der Aufgabenvielfalt und 4) der Lerngelegenheiten. Eine geringe intrinsische Arbeitsqualität hat einen negativen Effekt auf das Wohlbefinden von Beschäftigten.

Insgesamt bietet der soziale Sektor ein abwechslungsreiches Arbeitsgebiet, in dem Beschäftigte durchaus eine hohe intrinsische Arbeitsqualität erleben können, gerade mit Bezug auf das Lösen von Problemen, das Erlernen von Neuem und den Wechsel von Aufgaben. Auch die Expert:inneninterviews bestätigen dieses Bild. So stellen zum Beispiel die verschiedenen Beratungsangebote im Bereich Sucht, Migration oder in der Schuldnerberatung vielfältige Anforderungen an die Beratenden. Die Komplexität der Problemlagen, mit denen Klient:innen eine Beratung aufsuchen, erfordert in der Regel fundierte Kenntnisse ganz unterschiedlicher Themenfelder.

In der Erziehung haben sich die Qualitätsansprüche in den letzten Jahren massiv weiterentwickelt. So hat das Konzept der frühkindlichen Bildung den Beruf der Erziehenden, insbesondere in der Betreuung der 0–3-Jährigen durchaus aufgewertet. Mit dem Bundesteilhabegesetz wird Inklusion in Kitas zum Standard. An diesen Beispielen für permanente Entwicklung der Rahmenbedingungen sieht man: Weiterbildung gehört zum Stellenprofil. Dies kann sich sehr positiv auswirken, hat jedoch Grenzen:

> Problematisch ist für Fachkräfte, glaub ich, die in den letzten, ich würde mal sagen, 20 Jahren, deutlich gestiegenen Anforderungen an das Berufsfeld, also auch was die Qualität betrifft. Das ist also ein sehr fortbildungsaffines Berufsfeld. Im Vergleich auch zu anderen Arbeitsfeldern, glaube ich, sind die Fachkräfte immer interessiert daran, sich weiterzuentwickeln. Aber die Anforderungen sind einfach in einem höheren Maße gestiegen, als sie hinterherkommen. Da diese Fortbildungen auch zu machen und das hat damit zu tun, dass die frühe Bildung mehr auch gesellschaftliche Anerkennung auch durch Forschung bekommen hat, dass man gemerkt hat, ok, was Kinder in den ersten sechs Lebensjahren lernen, ist total wichtig auch für ihre weitere Entwicklung und deswegen müssen wir dort eine hohe Qualität liefern und dann wurden Bildungsprogramme, Orientierungsprogramme in den Bundesländern erarbeitet. (US, 24. November 2021)

Ein Element intrinsischer Arbeitsqualität, das insbesondere in der Altenpflege schlechter bewertet wird (Abbildung 26), ist das Ausmaß erlebter Autonomie.

---

17 Items der intrinsischen Arbeitsqualität in PASS: Die intrinsische Arbeitsqualität wird auf einer Antwortskala von 1 bis 5 gemessen: (1) „immer bzw. sehr häufig", (2) „häufig", (3) „manchmal", (4) „selten" und (5) „sehr selten bzw. nie": *Geringe Autonomie am Arbeitsplatz*: Wie häufig können Sie sich Ihre Arbeit selbst einteilen? (Werte 4–5); *Geringe kognitive Anforderungen*: Im Folgenden geht es um das Lösen schwieriger Probleme, die sich nicht einfach sofort lösen lassen. Wie häufig müssen Sie im Rahmen Ihrer beruflichen Tätigkeit solche Probleme lösen? (Werte 4–5); *Geringe Aufgabenvielfalt*: Wie häufig wechseln die Aufgaben, die Sie bei Ihrer Arbeit erledigen müssen? (Werte 4–5); *Wenig Lerngelegenheiten*: Wie häufig müssen Sie bei Ihrer Arbeit Neues dazulernen? (Werte 4–5) (Gundert, Kosyakova und Fendel, 2020).

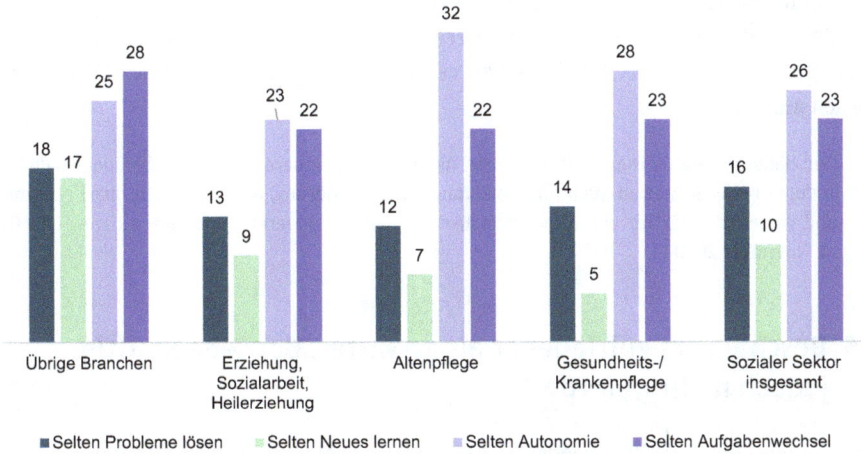

Abbildung 26: Dimensionen intrinsischer Arbeitsqualität.
Quelle: PASS 2016–2021, gepoolte Daten, hochgerechnete Mittelwerte, eigene Darstellung, Werte in Prozent.

Insbesondere die ambulante Pflege ist sehr stark reglementiert. Die Abläufe sind fest vorgegeben. In der stationären Altenpflege ist es das Arbeitsvolumen, das dazu führt, dass wenig Gestaltungsspielraum bleibt. Immer wieder wird die Ökonomisierung der Pflege alter Menschen kritisiert (vgl. z. B. Douma, 2016). Effizienz- und Gewinnerwägungen spielen in den Augen von Fachkräften eine zunehmend große Rolle gegenüber Fragen von Fachlichkeit und Qualität: „Die Unterwerfung ihrer Sorgebedürfnisse [Anm.: der alten Menschen] unter das lineare Zeitdiktat macht eine gute Pflege und damit ein gutes Leben im Alter oft unmöglich. Aktueller Ausdruck ist die andauernde Diskussion um die Pflegekrise. Gelingt gute Pflege dennoch, so liegt das an den größtenteils weiblichen Pflegekräften, die sich mit viel Kräfteeinsatz gegen dieses Zeitdiktat stemmen – und das häufig ebenfalls mit Burn-Out bezahlen." (Biesecker, 27./28.11.14, S. 2)

Die Corona-Pandemie hat die Missstände in der Altenpflege besonders anschaulich offengelegt. So berichtete zum Beispiel im Januar 2022 die Süddeutsche Zeitung über den Fall eines Altenpflegeheims in Schliersee in Bayern, wo nach einem Corona-Ausbruch im Frühjahr 2020 so katastrophale Zustände zutage getreten waren, dass ein Einsatz der Bundeswehr erforderlich wurde. Ein Manager des gewerblichen Trägers erklärte im bayrischen Fernsehen die wirtschaftliche Logik dahinter: „Wenn du Gewinne machen willst, musst du die Kosten reduzieren. Das heißt: weniger Betreuung. Oder du betreust mit nicht qualifizierten Hilfskräften. Du bietest weniger Essen an. Du wechselst die Bettwäsche seltener." (Stadler, 21. Januar 2022, S. 10) Das Beispiel stellt eine extreme und geradezu zynische Zuspitzung der Folgen von Ökonomisierung dar. Das darunter liegende Problem ist in vielen Einrichtungen präsent. Vielfach erleben Fachkräfte einen herausfordernden Spagat zwischen dem eigenen Qualitätsanspruch und Rahmenbedingungen, die diesem Qualitätsanspruch entgegenwirken, gerade in der Pflege, aber auch in anderen Arbeitsfeldern des sozialen Sektors. Das kann ein Grund sein, das Arbeitsfeld zu verlassen oder eben den eigenen Qualitätsanspruch anzupassen.

> Und dann bleiben meistens halt die übrig, die quasi eine höhere Resilienz haben oder halt eben andere Coping-Strategien auch im Sinne von Desensibilisierung, also, dass man quasi abstumpft und das eben alltäglich wird, dass man Bedürfnisse von anderen Menschen nicht erfüllt. (HC, 29. November 2021)

5.5 Beschäftigte zufriedener als erwartet, Betriebe künftig jedoch mehr gefordert

Eine Analyse der Arbeitszufriedenheit im sozialen Sektor auf Basis der Daten des Panels Arbeitsmarkt und soziale Sicherung (PASS) zeigt zunächst, dass Menschen, die im sozialen Sektor beschäftigt sind, grundsätzlich nicht so viel unzufriedener sind als Beschäftigte in anderen Sektoren (Abbildung 27). Das ist zunächst eine gute Nachricht. Dermaßen problematische Arbeitsbedingungen, dass sich das in dramatischer Weise auf die Arbeitszufriedenheit der Beschäftigten insgesamt auswirken würde, sind für den sozialen Sektor jedenfalls im Vergleich mit den anderen Sektoren nicht erkennbar. Gleichzeitig ist das ein wenig hilfreicher Befund, wenn es darum geht, dem Fachkräftemangel entgegenzuwirken. Die große Bandbreite an Arbeitsfeldern, Tätigkeiten und damit einhergehenden Arbeitsalltagen macht es nötig, genauer hinzusehen. Ein Blick auf die einzelnen Arbeitsfelder, die ebenfalls nur recht grobe Abgrenzungen und eine eingeschränkte Granularität in Bezug auf die konkreten Beschäftigungssituationen bieten, zeigt schon deutlichere Unterschiede. Während die Arbeitszufriedenheit bei Beschäftigten in der Erziehung, Sozialarbeit und Heilerziehungspflege sich kaum von den übrigen Sektoren unterscheidet, ist die durchschnittliche Arbeitszufriedenheit in der Altenpflege und der Gesundheits- und Krankenpflege erkennbar niedriger (Abbildung 27).

Interessant ist in diesem Kontext insbesondere aus einer Steuerungsperspektive die Frage, welche Aspekte von Beschäftigung Zufriedenheit oder Unzufriedenheit beeinflussen. Zu nennen sind das Lohnniveau, das Verhältnis zu Kolleg:innen, der eigene Status, die oder der Vorgesetzte, Arbeitsplatzsicherheit, Flexibilität und (insbesondere für Frauen) die Vereinbarkeit mit familiärer Sorgearbeit. Eher subjektive Faktoren wie Anerkennung, Aufstiegsmöglichkeiten, Entfaltungsmöglichkeiten, Verantwortung und ein interessanter Arbeitsinhalt spielen ebenfalls eine zentrale Rolle.

Welche Aspekte von Beschäftigung aber mehr oder weniger stark zur Zufriedenheit beitragen, ist nicht für alle Beschäftigten in jeder Lebensphase gleich (Clark, 2015). So ist die Vereinbarkeit von Familie und Beruf vor allem für Eltern kleinerer Kinder relevant. Aufstiegs- und Entwicklungsmöglichkeiten hingegen spielen in einer frühen Phase der Karriere eine größere Rolle als in den letzten Jahren, wenn Gehalt

Gesundheits-/Krankenpflege	6.7
Altenpflege	7.0
Erziehung, Sozialarbeit,...	7.3
Übrige Berufe im sozialen...	7.5
Sozialer Sektor	7.1
Übrige Branchen	7.3

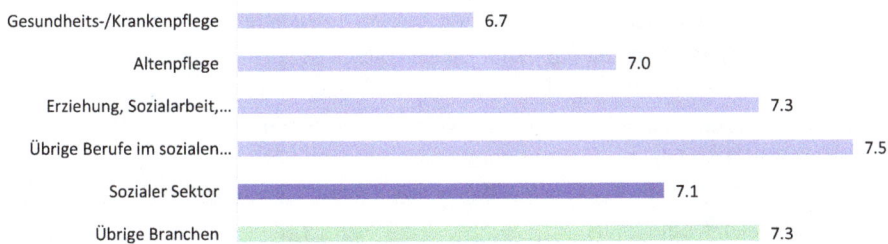

Abbildung 27: Durchschnittliche Arbeitszufriedenheit im sozialen Sektor.
Quelle: PASS 2016–2021, gepoolte Daten, Mittelwerte der Arbeitszufriedenheit (0 = unzufrieden/10 = zufrieden), hochgerechnete Werte.

und Zusatzleistungen wichtiger werden. Insofern kann eine globale Betrachtung der Einflussfaktoren von Arbeitszufriedenheit immer nur Impulse für eine tiefergehende Analyse und Diskussion setzen. Arbeitgeber können hier – auch unabhängig von den strukturellen Rahmenbedingungen – viel gestalten. Sie tun gut daran, die spezifischen Bedarfe und Lebenssituationen ihrer Beschäftigten in den Blick nehmen, um ein Verständnis der Gestaltungsspielräume von Beschäftigung zu gewinnen, die in dem jeweiligen Kontext am sinnvollsten sind.

Um ein differenzierteres Bild der Determinanten von Arbeitszufriedenheit zu zeichnen, nutzten wir multivariate Regressionen (zur Methodik siehe Abschnitt 8.4 im Anhang), die zunächst das oben skizzierte Bild der deskriptiven Analysen bestätigen: Insgesamt unterscheidet sich der soziale Sektor hinsichtlich der durchschnittlichen Arbeitszufriedenheit nicht von anderen Sektoren (vgl. Tabelle A 19 und Tabelle A 20 im Anhang).

Vor dem Hintergrund des in diesem Buch diskutierten Care Pay Gaps (siehe Abschnitt 5.3) zeigt sich zunächst, dass der tatsächlich bezahlte Bruttostundenlohn positiv mit der Arbeitszufriedenheit in Verbindung steht – allerdings nur in der übrigen Wirtschaft. Im sozialen Sektor zeigt sich dieser Zusammenhang nicht, hier scheint die Lohnhöhe nicht gleichermaßen ausschlaggebend für die Arbeitszufriedenheit zu sein. Wenngleich damit nicht gesagt sei, dass Anpassungen der Gehälter im sozialen Sektor nicht relevant sind, scheinen sie keinesfalls der zentrale und alleinige Hebel zu sein, um Menschen im sozialen Sektor zu halten. Die Menschen, die sich auf einen Beruf im sozialen Sektor eingelassen haben, wissen in der Regel, mit welchen Gehältern sie rechnen können. Höhere Löhne scheinen vor allem für die Gewinnung neuer (und männlicher) Fachkräfte aus den übrigen Branchen ein wichtiger Faktor zu sein, denn dort scheint das Gehalt stärker mit der Arbeitszufriedenheit in Verbindung zu stehen.

Relevanter für die Arbeitszufriedenheit scheint die konkrete Arbeitszeitgestaltung der Beschäftigten zu sein. Beschäftigte mit wechselnden Arbeitszeiten (Schichtarbeit etc.) weisen eine deutlich geringere Arbeitszufriedenheit auf als Beschäftigte mit regulären Standardarbeitszeiten. Zufriedener sind Beschäftigte insbesondere dann, wenn sie sich die Arbeitszeit selbst einteilen können. Gerade in stationären Angeboten, die in vielen sozialen Berufen eine Rolle spielen, gehört Schichtarbeit dazu. Wenn Stellen unbesetzt bleiben oder Fachkräfte häufig krankheitsbedingt ausfallen, wirkt sich das negativ auf die Dienstplansicherheit aus. Die verbleibenden Fachkräfte müssen die Lücken durch Mehrarbeit und nicht vorsehbare Sonderschichten auffangen. Vor allem für Menschen mit Familien ist das auf Dauer meist nicht leistbar, erst recht, wenn flexible Betreuungsangebote fehlen.

Subjektive Determinanten der Arbeitszufriedenheit

Für die Bewertung der Arbeits- und Beschäftigungsqualität im sozialen Sektor ist vor allem relevant, welche einzelnen Dimensionen von Arbeitsqualität, die wir in den vorangegangenen Abschnitten diskutiert haben, besonders einschlägig für die allgemeine Arbeitszufriedenheit sind. In der multivariaten Betrachtung stehen nahezu alle subjektiven Indikatoren in statistisch signifikantem Zusammenhang zur Arbeitszufriedenheit. Anhand der Größe der Koeffizienten lassen sich die einzelnen Indikatoren jedoch näherungsweise in eine Reihenfolge bringen. Berücksichtigt werden muss dabei allerdings, dass einzelne Indikatoren teilweise ähnliche Aspekte messen.

Die Ergebnisse deuten darauf hin, dass die Befragten im Durchschnitt ihre Arbeitszufriedenheit dann als besonders negativ einschätzen, wenn Konflikte hinsichtlich der Vereinbarkeit von Familie und Beruf und der Arbeitszeit bestehen. Dies gilt sowohl für den sozialen Sektor als auch für die übrigen Branchen. Als weiterer wesentlicher Faktor korreliert die Dimension der Anerkennung stark positiv mit der Arbeitszufriedenheit. Beschäftigte, die für ihre Arbeit Anerkennung erfahren, sei es ganz allgemein durch die Gesellschaft oder durch ihre Vorgesetzten, sind eher mit ihrer Arbeit zufrieden. Weiter oben haben wir die Anerkennungskultur im sozialen Sektor diskutiert und gezeigt, dass Beschäftigte in der Gesundheits- und Krankenpflege häufiger eine angemessene Anerkennung vermissen. Hinsichtlich der Anerkennung scheint auch ein zumindest schwach signifikanter Unterschied zwischen den übrigen Branchen und dem sozialen Sektor zu bestehen. Das Gefühl mangelnder allgemeiner Anerkennung wirkt sich im sozialen Sektor stärker negativ aus als in den übrigen Sektoren.

Umgekehrt scheint die Gefährdung des eigenen Arbeitsplatzes zwar deutliche Auswirkungen auf die Arbeitszufriedenheit zu haben, sie ist jedoch weniger stark ausgeprägt als in den übrigen Branchen. Dies könnte dadurch erklärt werden, dass die bestehenden Arbeitsplätze im sozialen Sektor weniger stark von konjunkturellen Einflüssen abhängig und die Arbeitsmarktoptionen innerhalb des sozialen Sektors vergleichsweise gut sind.

Aufstiegsperspektiven wirken sich positiv auf die Arbeitszufriedenheit aus. Wer die Möglichkeiten des Fortkommens und des beruflichen Aufstiegs als eher gut bezeichnet, tendiert eher zu einer höheren Arbeitszufriedenheit. Wie im vorherigen Kapitel bereits angemerkt, sind Karrieremöglichkeiten in vielen Arbeitsfeldern des sozialen Sektors eingeschränkt. Weiterbildungen übersetzen sich in vielen Kontexten nicht in bessere Positionen oder mehr Gehalt, sind auch nicht immer gewünscht (siehe oben). Fachkarrieren sind im sozialen Sektor, ähnlich wie in anderen Sektoren, immer noch eher selten.

Besonders negativ schätzen die Befragten im Durchschnitt ihre Arbeitszufriedenheit ein, wenn der Arbeitsplatz gefährdet ist und wenn Konflikte hinsichtlich der Arbeitszeit und Vereinbarkeit von Familie und Beruf bestehen. Während eine Beschäftigung im sozialen Sektor trotz immernoch im Branchenvergleich stärker verbreiteter Befristungen überwiegend eine sichere Angelegenheit ist, kann es aufgrund wechselnder Arbeitszeiten im Rahmen des Schichtdienstes leicht zu Konflikten in Sachen Vereinbarkeit kommen. Gerade Beschäftigte mit kleineren Kindern haben schnell Betreuungsprobleme, wenn sie im Schichtdienst arbeiten, weil es nur sehr wenige flexible Betreuungsangebote gibt.

Bei der Betrachtung der objektiven Determinanten zeigt sich, dass die Lohnhöhe selbst im sozialen Sektor (ohne Berücksichtigung subjektiver Faktoren) keinen zentralen Einfluss auf die Arbeitszufriedenheit hat (Tabelle A 20). Auf was es ankommt, ist die subjektive Einschätzung hinsichtlich der Angemessenheit des Lohnes (Tabelle A 19): Wer sein Gehalt für angemessen hält, unabhängig davon wie hoch es letztlich ist, ist eher zufrieden mit seiner Arbeit.[18]

Schließlich sind Beschäftigte eher unzufrieden, wenn ihre Tätigkeit von Zeitdruck und Monotonie geprägt ist. Letzteres ist im sozialen Sektor selten der Fall. Zeitdruck hingegen spielt in vielen Versorgungssettings nicht zuletzt im Kontext der in den vorherigen Kapiteln diskutierten Ökonomisierung eine Rolle.

Arbeitszufriedenheit und Stellensuche

Arbeitszufriedenheit heißt nicht einfach, die Beschäftigten bei Laune zu halten. Arbeitszufriedenheit ist ein Frühwarnmechanismus. Kündigungen (Tabelle A 12) können vielleicht verhindert werden. Besonders bei besser ausgebildeten Beschäftigten, die ihre Stelle noch nicht allzu lange innehaben, sollte man genauer hinschauen. Vor allem dann, wenn die Arbeitsmärkte ausreichend Alternativen bieten (vgl. Cornelißen, 2009). Insgesamt sind Beschäftigte des sozialen Sektors unter Kontrolle einer Vielzahl

---

18 Unter Kontrolle der weiteren Einflussfaktoren dreht sich zudem der Zusammenhang zwischen Bruttostundenlohn und Arbeitszufriedenheit ins Negative. Dies dürfte auf unbeobachtete Faktoren zurückzuführen sein, die mit höheren Stundenlöhnen einhergehen. So könnten mit dem Gehalt die Leistungsanforderungen und Verantwortlichkeiten steigen und mit höheren Positionen auch höhere Erwartungen an die Tätigkeit verbunden sein.

von Faktoren weniger wechselfreudig als Beschäftigte in anderen Sektoren (Tabelle A 21).

Welche Faktoren spielen unabhängig von der Sektorzugehörigkeit eine Rolle? Auch hier zeigt sich, dass die Lohnhöhe sowie die Einschätzung, inwieweit der aktuelle Lohn als angemessen betrachtet wird, im sozialen Sektor eine geringere Rolle zu spielen scheint als in den übrigen Branchen (Tabelle A 22). Abgesehen davon sinkt die Bereitschaft zu einem Stellenwechsel mit der Dauer der Betriebszugehörigkeit (und bei älteren Beschäftigten). Beschäftigte sind eher geneigt, die Stelle zu wechseln, wenn ihre Arbeitsstelle gefährdet ist bzw. wenn sie befristet ist. Gleiches gilt für Teilzeitbeschäftigung, die im sozialen Sektor weit verbreitet ist. Hier dürfte der Wunsch nach einer Erhöhung der Arbeitszeit und damit einhergehend eine Erhöhung des Gehalts eine Rolle spielen. Gerade im Hinblick auf den hohen Arbeitskräftebedarf dürfte die Erschließung von Arbeitszeitpotenzialen eine relevante Stellschraube sein. Vereinbarkeitskonflikte zwischen Beruf und Privatleben haben nicht nur einen starken Einfluss auf die Arbeitszufriedenheit, sie erhöhen auch die Wahrscheinlichkeit signifikant, dass Beschäftigte sich nach einer neuen Stelle umschauen. Schließlich zeigt sich analog zu den Einflussfaktoren der Arbeitszufriedenheit, dass die Dimensionen von Arbeitsqualität sich auf einen Stellenwechsel auswirken. Wer seine Aufstiegsmöglichkeiten als gut bewertet und sich in seiner Tätigkeit anerkannt fühlt, tendiert eher dazu, in seiner Stelle zu verbleiben.

Insgesamt sind Betriebe im sozialen Sektor weitaus mehr gefordert als in der Vergangenheit. Wollen sie Umfang und Qualität ihrer Angebote auch künftig sichern, sind sie gezwungen, sich intensiv mit den Wünschen und individuellen Bedürfnissen der Beschäftigten auseinanderzusetzen und gemeinsam Wege zur Aufrechterhaltung bzw. Steigerung der Arbeitsqualität zu finden. Die häufig im Vordergrund der Diskussion stehende Lohnhöhe scheint dabei für die Beschäftigten des sozialen Sektors weniger zentral sowohl für die Arbeitszufriedenheit als auch für die Wechselbereitschaft zu sein als andere Aspekte der Beschäftigungs- und Arbeitsbedingungen. Die Arbeitszeitgestaltung, die Vereinbarkeit zwischen Beruf und Privatleben, Anerkennung oder Aufstiegsperspektiven sind für eine ‚Attraktivitätsbewertung‘ von Arbeitgebern mindestens ebenso wichtig. Es ist dabei zu bedenken, dass Arbeitgeber nicht gleichermaßen an den relevanten Stellschrauben drehen können. Größere Unternehmen und Verbünde dürften eher in der Lage sein, auf individuelle Bedürfnisse einzugehen, in gesundheitliche Prävention zu investieren oder Aufstiege zu ermöglichen. Rund 20 Prozent der Betriebe beschäftigen 50 und mehr Mitarbeitende (vgl. Tabelle A 17 im Anhang). Bei den vielen kleineren Unternehmen, Organisationen und Initiativen, die letztlich im sozialen Sektor überwiegen, sind die Spielräume deutlich enger.

6 Den Kollaps des Sozialen verhindern: Ein 17-Punkte-Plan

Nicht zuletzt die empirische Beschreibung der Arbeits- und Beschäftigungsbedingungen zeigt, dass im sozialen Sektor Handlungsbedarf auf mehreren Ebenen besteht. Der Arbeitskräftemangel ist gravierend, die Entwicklung besorgniserregend. Insgesamt ist mit einem flächendeckenden Mangel zu rechnen. Regionale Unterschiede spielen selbstverständlich eine Rolle. Wo es viele Alternativen gibt, also in Regionen, in denen die Arbeitslosigkeit insgesamt niedrig ist, ist es schwieriger Stellen zu besetzen. Zugleich fehlen Fach- und Arbeitskräfte in randständigen und eher unattraktiven Regionen, die von Bevölkerungsschrumpfung und Abwanderung betroffen sind. Letztlich bleibt der Arbeitskräftemangel ein bundesweites Phänomen, das gesamtgesellschaftliche Relevanz hat. Neben konkreten arbeitsmarkt- und personalpolitischen Ansatzpunkten (Abschnitt 6.1) besteht vor allem Handlungsbedarf auf politischer Ebene; dabei werden gesamtgesellschaftliche Debatten unumgänglich (Abschnitt 6.2).

6.1 Potentiale können besser ausgeschöpft werden, Flexibilisierung ist notwendig. Sechs Punkte gegen den Care-Kollaps auf betrieblicher Ebene

Beschäftigung im sozialen Sektor erfolgt überproportional in Teilzeit, die Ausgestaltung der Arbeitszeiten ist häufig weniger attraktiv, Verträge werden immer noch öfter befristet als in den übrigen Sektoren, die Löhne sind zum Teil kaum konkurrenzfähig. Hinzu kommt eine problematische Diskrepanz zwischen professionellen Ansprüchen der Beschäftigten, ihre Aufgaben (Menschen zu pflegen, zu unterstützen, Hilfe in sozialen Problemlagen zu leisten etc.) entsprechend ihres Berufsethos in angemessener Weise zu erfüllen und der Realität von Zeit- und Ressourcenknappheit, die eine solche Erfüllung nicht in zufriedenstellender Weise erlaubt.

1. Das Arbeitsvolumen bei den bestehenden Arbeitskräften deutlich erhöhen

Ein zentraler Ansatzpunkt ist das Heben von Arbeitszeitpotenzialen. Dies kann auf zweierlei Weisen geschehen (vgl. Hüther, Jung und Obst, 2022): zum einen kann das Arbeitsvolumen der tatsächlich Erwerbstätigen erhöht werden, indem die reguläre Wochenarbeitszeit von Vollzeitbeschäftigten und die Anzahl der Arbeitstage im Jahr angehoben werden. Das ist vor allem eine theoretische Option, denn es ist kaum vorstellbar, dass die Beschäftigten des sozialen Sektors hier mitmachen würden. Nicht zuletzt angesichts der allgemeinen Debatten um eine Vier-Tage-Woche in der Gesamtwirtschaft und der ohnehin durchaus aufgeheizten Stimmung unter den Beschäftigten, wäre ein solcher Vorstoß nicht empfehlenswert. Auch dürfte eine Erhöhung der

Regelarbeitszeit den Sektor noch einmal unattraktiver für junge Menschen machen. Zum anderen – und das dürfte angesichts des hohen Teilzeitanteils insbesondere von Frauen im sozialen Sektor der zentralere Hebel sein – müsste unfreiwillige Teilzeitbeschäftigung in Richtung Vollzeit verschoben werden. Hier wird die betriebliche Ebene bereits verlassen, dafür sind politische und gesamtgesellschaftliche Weichenstellungen nötig, die im folgenden Abschnitt diskutiert werden.

2. Kreative Lösungen für Schichtarbeit finden

Ein struktureller Nachteil vieler Tätigkeiten im sozialen Sektor sind unattraktive Lagen von Arbeitszeiten. Beispielhaft ist die alleinerziehende Pflegerin, die eine Stelle nicht antreten kann, weil der Dienst bereits um sechs Uhr morgens beginnt, die Kinderbetreuung aber erst später öffnet und die daher zu einer Zeitarbeitsfirma mit flexibleren Arbeitszeiten wechselt (Brinkmann, 14. Februar 2023). Einrichtungen sind gefordert, den Beschäftigten hinsichtlich flexiblerer Arbeitszeiten mehr entgegenzukommen. Aber auch hier ist nicht nur die betriebliche Ebene gefordert. Ergänzend sind politische Weichenstellungen erforderlich, um Schichtarbeit – beispielsweise über steuerliche Anreize – attraktiver zu gestalten.

3. Entfristen

Ein Ansatzpunkt, um die zunehmende Fach- und Arbeitskräfteknappheit zu lindern, besteht darin, Arbeitskräfte langfristig über unbefristete Verträge zu binden. Befristungen kann sich der soziale Sektor im Grunde nicht mehr leisten. Hier müssen seitens der Betriebe alle Möglichkeiten ausgeschöpft und letztlich vertretbare Risiken eingegangen werden, um den Beschäftigten unter den Refinanzierungsbedingungen möglichst langfristige Perspektiven zu bieten. Allerdings sind die Grenzen auch hier eng; die Befristung von Verträgen hängt eng mit der ökonomischen Perspektive und dem erwartbaren Vorhandensein mittel- oder langfristiger Personalmittel zusammen. Dazu müssen in den Haushalten der Einrichtungen und der öffentlichen Hand die Weichen gestellt werden – weg von kurzfristigen Projektfinanzierungen, hin zu längerfristigen Mittelvergaben (siehe folgender Abschnitt).

4. Anpassungsfähigkeit der Einrichtungen an sich verändernde Bedarfe sicherstellen, interne Flexibilität des Personals erhöhen

Mehr Flexibilität mag nicht immer einfach sein, erhöht die Anforderungen an die Personalabteilungen und verlangt von den Mitarbeitenden, neue Wege einzuschlagen. Beispiele wären die Schaffung von unbefristeten ‚Springer:innen' – ein Konzept, das in der stationären Pflege verstärkt zum Einsatz kommen soll – und die Stärkung von Jobrotation, um befristete Elternzeitvertretungen auszugleichen. Der ‚Preis' – oder je nach individueller Perspektive und Situation der ‚Lohn' – wäre, dass manche der zusätzlich dauerhaft beschäftigten Mitarbeiter:innen zumindest zeitweise in anderen Aufgabenbereichen arbeiten und dazu befähigt werden müssten. Eine niedrigere externe Flexibilität müsste somit zum Teil mit einer höheren internen Flexibilität ausgeglichen werden, sofern sie sich organisatorisch umsetzen lässt (Hohendanner, 2019).

5. Belastung reduzieren, Gesundheit fördern

Dreh- und Angelpunkt über alle Arbeitsfelder des sozialen Sektors hinweg ist die Arbeitsbelastung. Ansätze wie ‚Springer:innen‘ oder ‚Jobrotation‘ können auch in diesem Kontext möglicherweise Abhilfe schaffen, was jedoch eine Bereitschaft von Vielen voraussetzt: Kostenträger müssen dies ermöglichen, Arbeitgeber müssen Umsetzungsbereitschaft zeigen, und letztlich müssen auch die Beschäftigten sich hier offen zeigen. Teams müssen sich darauf gut einstellen. Es braucht zudem vor allem in den Gesundheits- und Pflegeberufen konsequente Maßnahmen der Gesundheitsförderung. Dabei spielen Präventionsangebote ebenso wie Maßnahmen der Arbeitsorganisation eine Rolle. Technik und Digitalisierung können ebenfalls Faktoren sein, mit denen die gesundheitliche Belastung der Beschäftigten, zumindest mittelfristig, erheblich reduziert werden kann.

6. Frustration und Enttäuschungen erkennen und abbauen

Die Analysen im 5. Kapitel dieses Buches haben gezeigt, dass die Arbeitszufriedenheit in der Regel nicht schlechter ausfällt als in der übrigen Wirtschaft. Die vorhandene Motivation, die sich aus sinnhafter, gesellschaftlich relevanter Tätigkeit ergibt, ebenso wie berufsethische Erwartungen zerreiben sich jedoch oft und angesichts fehlenden Personals zunehmend in der Alltagsrealität. Letztlich wird von den Leitungskräften im sozialen Sektor sehr viel abhängen. Sie können die Menschen halten, wenn sie Wege finden, auf diese Entwicklungen individuell zu reagieren. Die Darstellungen in diesem Band zeigen, dass es keine ‚One-Size-Fits-All-Lösungen‘ gibt; Leitungskräfte müssen sich sehr individuell auf Mitarbeitende einlassen, um den psychischen und physischen Anforderungen wirksam zu begegnen. Gezielte Schulungen, Fortbildungen und Supervisionsprogramme könnten hier ansetzen.

6.2 Politisches Handeln ist erforderlich, unbequeme Maßnahmen sind unumgänglich. Elf Punkte gegen den Kollaps des Sozialen

Die Befunde zeigen, dass der Druck für die Beschäftigungssituation im sozialen Sektor nicht zuletzt infolge des absehbar weiter steigenden Arbeitskräftemangels weiter zunimmt und damit als Konsequenz die Qualität sozialer Leistungen negativ betroffen sein kann. Das ist bedenklich, gerade vor dem Hintergrund der steigenden Zahl an Krisen und der massiven gesellschaftlichen Herausforderungen. Es geht darum, anzuerkennen, dass die mit der Nachkriegszeit einsetzende stetige Leistungssteigerung an ihr Ende gelangt ist und Wege zu finden, einen Kollaps zu verhindern. Der Status Quo des Angebots an sozialen Dienstleistungen ist angesichts des demographischen Wandels kaum aufrechtzuerhalten, und es wird zunehmend um die Ressourcenallokation im Kontext von Knappheiten gehen. Um eine breite Enttäuschung in der Bevölkerung und ein weiteres Auseinanderdriften in der Gesellschaft einzudämmen, ist dieses Weniger an zur Verfügung stehenden sozialen Versorgungsangeboten aktiv zu begleiten. Gleichzeitig sollten Maßnahmen getroffen werden, um möglichst viele Beschäftigte zu gewinnen und zu halten. Gerade hier wird mit Blick auf unsere Analysen deutlich, wie sehr die öffentliche Debatte um die Angemessenheit von Löhnen viele zentrale Aspekte, die insbesondere den derzeit im Sektor Beschäftigten besonders wichtig sind, übertönt. Allerdings entscheidet sich an der Frage, inwieweit es gelingt, diese Arbeitskräfte zu halten, die Zukunft des gesamten Sektors. Denn sie gestalten das Arbeitsumfeld vor Ort entscheidend mit. Wir schlagen die folgenden Punkte vor:

1. Den regionalen Versorgungsmangel auf der Bundesebene erfassen und zielgerichtete Ausgleichsmechanismen schaffen

Ohne Eingriffe werden die Entwicklungen regional höchst unterschiedlich verlaufen, denn die „Kassenlage" der Kommunen spielt aufgrund der kommunalen Finanzierung vieler Leistungen eine entscheidende Rolle für die Zukunft der sozialen Hilfen und Angebote. Wenn in den kommenden Jahren, unter anderem als Folge der Krisen der vergangenen Jahre, Einnahmen sinken, dann werden finanzschwache Kommunen soziale Leistungen kürzen. „Dann wäre genau dort, wo die Not am größten ist, das Angebot für die Menschen am schlechtesten ausgestattet. Damit würden die negativen Effekte und die Unterschiede zwischen finanzstarken und finanzschwachen Kommunen noch zusätzlich verstärkt." (Saborowski und Steinke, 2021, S. 9) Eine wichtige Maßnahme wäre die systematische Erfassung der Entwicklung auf Bundesebene. Dabei bietet sich eine Erfassung von zwei Seiten an: Zum einen durch die Schaffung einer Versorgungslücken-Meldestelle für Bürger:innen, die sich möglicherweise über die Einführung eines bundesweiten Internet-Portals realisieren ließe; hier könnte der Bund an die Umsetzung des Online-Zugangsgesetzes (OZG) und die in diesem Kontext in Nordrhein-Westfalen entwickelte Sozialplattform anknüpfen. Zum anderen erscheint ein systematisches statistisches Erfassen der Angebotsstruktur des sozialen Sektors als dringend notwendig. Eine entsprechende statistische und inhaltliche Bündelung im Bund, die auf die bestehenden Grundlagen in Wissenschaft und Verbänden aufsetzt, ist notwendig. Als Vorbild taugt der regelmäßig auf der Basis neuester wissenschaftlicher Erkenntnisse im Bundesministerium für Arbeit und Soziales (BMAS) erstellte Armuts- und Reichtumsbericht der Bundesregierung. Nur wenn die ‚weißen Flecken der Daseinsvorsorge' bekannt sind, können zielgerichtete konkrete Entlastungen, Ausgleichsmechanismen bzw. finanzielle Unterstützungen für Kommunen durch Bund und Länder sowie direkte Programmförderungen einzelner Bereiche durch den Bund sinnvoll diskutiert werden. Unterstützungen nach Gießkannenprinzip erscheinen jedenfalls angesichts der wachsenden regionalen Disparitäten kaum noch als angemessen und letztlich auch nur als begrenzt wirksam. Die hier vorgeschlagenen Anstrengungen sind nur dann nötig, solange ein Anspruch auf Schaffung gleichwertiger Lebensverhältnisse fortbesteht.

2. Versorgungslücken benennen und die Gesellschaft vorbereiten

Dass es noch gelingen kann, die Ansprüche der Menschen an den sozialen Sektor zu bedienen, erscheint wenig realistisch. Daher sollte die Bevölkerung aufgeklärt und informiert werden, dass sie absehbar damit rechnen muss, über die regulären Wege unterversorgt zu bleiben. Es ist wichtig, beispielsweise deutlich zu machen, dass Menschen, die heute um die 50 Jahre alt sind, nicht mehr in derselben Weise umfassende professionelle Pflege in Anspruch nehmen können werden, wie dies die heute Pflegebedürftigen noch können. Ein solches öffentliches Eingeständnis ist die Voraussetzung dafür, dass sich Familien rechtzeitig Gedanken über eine alternative Versorgung machen, wenn sie dazu die entsprechenden Ressourcen haben. Es wird darauf ankommen, vor Ort alternative Versorgungssettings herzustellen. Neue, daraus resultierende, gesellschaftspolitische Fragen zur Arbeitsteilung in Familien sowie zu Ungleichheiten bei der Inanspruchnahme von Leistungen sind frühzeitig zu stellen. Zudem besteht die Chance, herbe Enttäuschungen abzufedern.

3. Eine integrierte Beschäftigungspolitik für den gesamten sozialen Sektor aufsetzen

Die Analysen zeigen, dass der gesamte Sektor in Konkurrenz zu anderen Sektoren steht. Ein harter Wettbewerb um die verbliebenen Arbeitskräfte zwischen den Anbietern im Sektor erscheint aus einem gesellschaftspolitischen Blickwinkel wenig zielführend. Daher sollte die Frage im Mittelpunkt stehen, welche Anstrengungen zu unternehmen sind, um die verbliebenen Arbeitskräfte im Sektor zu halten und neue zu gewinnen. Zu einer übergreifenden beschäftigungspolitischen Strategie gehört eine Steigerung der Ausbildungsquoten und eine Stärkung der Weiterbildung. Die Bundesagentur für Arbeit könnte hier eine zentrale Rolle spielen, denn aus sich selbst heraus wird der Sektor – auch angesichts der permanenten Krisen und des hohen finanziellen, inhaltlichen und bürokratischen Drucks – kaum in der Lage sein, die notwendigen Schritte zu gehen. Vor allem vor dem Hintergrund der zunehmenden Konkurrenz um Arbeitskräfte zwischen allen Branchen und Sektoren sollte der Care-Pay-Gap unbedingt reduziert werden. Das kann nur durch strukturelle Reformen wirksam eingeleitet werden. Dabei wäre es hilfreich, wenn die hohe Tarifgebundenheit und der hohe Stellenwert der Mitbestimmung in Betracht gezogen würden. Eine alleinige Konzentration auf diese Hebel läuft aber zwangsläufig ins Leere und droht, die negativen und defizitorientierten Zuschreibungen zu verstärken.

Systemische Veränderungen der Sozialsysteme und die entsprechende Mittelausstattung sind weitaus zielführender. Zwar wird die Notwendigkeit einer tiefgreifenden Reform der Pflegeversicherung in der Fachszene und auch in der Pflegewissenschaft seit Jahren herausgestellt. Gleichzeitig ist klar, dass Verbesserungen in den Systemen zu Mehrkosten führen und den Rahmen der derzeitigen Verteilungssysteme und vor allem der Kosten für Arbeitnehmer:innen und Unternehmen sehr schnell übersteigen. Beitragssätze der gesetzlichen Sozialversicherungen sollten nach dem Willen der Bundesregierung unter 40 Prozent bleiben, eine Zielstellung, die auch ohne wirksame Verbesserungen im sozialen Sektor auf Grund der demografischen Veränderung

nur um den Preis gravierender Einschnitte bei den Leistungen und weiterer Maßnahmen wie einer Erhöhung des Renteneintrittsalters zu erreichen wäre (z. B. BDA-
Kommission Zukunft der Sozialversicherungen, 2020). Daran lässt sich ermessen,
welche Dimensionen Reformen haben, die den Pflegenotstand wirksam bekämpfen
würden. Sehr grundsätzliche Entscheidungen wären zu treffen, die weit über den
sozialen Sektor hinausgehen.

In der Branche selbst sowie in Politik und Öffentlichkeit spielen Anwerbeprogramme für Arbeitskräfte aus dem Ausland stets eine zentrale Rolle. Tatsächlich bestehen seit Jahren einige erfolgreiche Programme, beispielhaft hier die Anwerbung von
Pflegefachkräften aus Mexiko durch das Bayerische Rote Kreuz (BRK, 2022). Sie können zweifellos eine flankierende Rolle spielen und scheinen in dieser Hinsicht
sinnvoll. Problematisch ist es, wenn suggeriert wird, sie seien eine Lösung für den
allgemeinen Arbeitskräftemangel, denn nachhaltig sind sie am ehesten dann,
wenn die Gesamtrahmenbedingungen verbessert werden. Schließlich wünschen
sich auch ausländische Arbeitskräfte zu Recht angemessene Arbeitsbedingungen
und ein gutes Arbeitsumfeld. Darüber hinaus werden die Kosten für Bürokratie,
Durchführung, Einarbeitung und vor allem für eine dauerhafte Integration zu-
meist unterschätzt. Noch besser als Anwerbeprogramme wäre schließlich eine Zuwanderung von Menschen nach Deutschland, die von sich aus migrieren, weil der
soziale Sektor in einem weltoffenen Land sinnstiftende gute Arbeit bietet.

Die Akademisierung der Berufe zu stärken, könnte ebenfalls ein Hebel sein; entsprechende Ansätze und Intentionen bestehen seit einiger Zeit, die Entwicklung in
diese Richtung ist jedoch äußerst schleppend. Beispielsweise bleiben die mittlerweile
durchaus bestehenden Plätze in Pflegestudiengängen an den Hochschulen eklatant
unbesetzt, manche eben erst gegründete pflegewissenschaftliche Fakultäten sind
schon wieder geschlossen.[19] Ein Grund für die geringe Resonanz ist die Berufspraxis,
die nicht auf die Absolvent:innen eingestellt ist. Zudem geben die Rahmenbedingungen
und Refinanzierungsstrukturen keine entsprechenden Positionen her. Ein Studium
zahlt sich nicht aus. Die hier ausgewerteten Daten haben gezeigt, dass insbesondere
Akademiker:innen im gesamten sozialen Sektor im Vergleich zu anderen Branchen
deutlich unterbezahlt sind. Hier wäre ebenfalls anzusetzen, wenn die Akademisierung
als Element der Attraktivitätssteigerung vorankommen soll.

Schließlich muss über die Qualität offen diskutiert werden. Insbesondere in der
Kindertagesbetreuung spielt eine Rolle, dass der Fachkraft-Kind-Schlüssel (also wie
viele Kinder eine Fachkraft betreuen muss) zwischen den Bundesländern stark vari-
iert. Ein besserer Fachkraft-Kind-Schlüssel führt immer auch zu einem höheren Per-
sonalbedarf. Absehbar wird die Frage, ob die Qualität ein höheres Gut ist als das
Aufrechterhalten des Angebots, kaum vermeidbar sein.

---

19 Ein Beispiel ist die in Fachkreisen renommierte private Hochschule Vallendar, die als eine von insgesamt sechs Hochschulen überhaupt eine Promotion in Pflegewissenschaft ermöglicht hatte.

Nimmt man die Ergebnisse unserer Analysen zusammen, finden sich die wichtigsten Stellschrauben der Beschäftigungspolitik für den sozialen Sektor in der Verbesserung der Arbeitsqualität, der Anerkennung und der Reduzierung der Belastung.

4. Neue Debatten zur Verteilung der Sorgearbeit führen, neue Wege beschreiten

Etwa jede zehnte Frau würde gerne durchschnittlich zwölf Wochenstunden länger arbeiten (Hellwagner et al., 2022). Damit wäre nicht nur für den sozialen Sektor viel gewonnen. Die Förderung von Vollzeit- oder vollzeitnahen Beschäftigungen – dort, wo sie von den Beschäftigten gewünscht wird – ist jedoch sehr voraussetzungsreich. Das Zeitbudget der Beschäftigten ist lebensphasenabhängig sehr unterschiedlich verteilt. Es bedarf einer Verbesserung der betrieblichen und institutionellen Rahmenbedingungen (Ausbau der Kinderbetreuungsinfrastruktur, flexiblere Arbeitszeiten), um (überwiegend) Frauen bei der Sorgearbeit zu entlasten und eine freiwillige Erhöhung ihrer Arbeitszeit zu ermöglichen. Es stellt sich allerdings die Frage, wie unter den Bedingungen des Arbeitskräftemangels in Betreuungseinrichtungen mehr Erwerbsarbeit ermöglicht werden kann, insbesondere in Familien mit kleineren Kindern. Ohne einen stärkeren, selbstverständlichen Einsatz von Vätern und ohne die Hinzuziehung von nicht-erwerbstätigen Großeltern und Nachbarschaftshilfen wird dies kaum möglich sein. Eine solche Umverteilung der Kinderbetreuung auf mehrere Schultern müsste betrieblich und institutionell-politisch unterstützt werden, etwa indem auch Männern Arbeitszeitflexibilität gewährt wird und Teilzeit nicht mehr als Karrierefalle wirkt.

Im Übrigen geht es hier nicht um die Betreuung kleiner Kinder allein, das zeigt die Betrachtung der Teilzeitquoten von Frauen nach Altersgruppen. Die Teilzeitquoten steigen bei Frauen im Alter ab 45 Jahren noch an. Hier dürfte weniger die Kinderbetreuung als vielmehr die Arbeitsbelastung, kulturell-tradierte Aspekte sowie die Pflege von Eltern und steuerliche Anreizstrukturen eine Rolle spielen. Jedenfalls zeigen die altersspezifischen Teilzeitquoten, dass die Möglichkeit auf Rückkehr in Vollzeit und Anreize für Vollzeit auch für Frauen (und Männer) gestärkt werden müssen, die sich nicht in der Familienphase mit kleinen Kindern befinden. Soll das Arbeitskräftevolumen angesichts fehlender sozialer und gesundheitsbezogener Angebote nicht ins Bodenlose sinken, dann werden einige politische und gesellschaftliche Anstrengungen nötig sein. Gleichzeitig ist nicht absehbar, wie Familien mit den neuen Spannungen, die sich durch den Arbeitskräftemangel im sozialen Sektor unweigerlich ergeben, umgehen werden. Ob es zu einer Retraditionalisierung der Geschlechterverhältnisse kommt oder ob die Gleichstellung einen neuen Schub erhält, ist eine spannende Zukunftsfrage.

5. Anreize für Vollzeit oder vollzeitnahe Beschäftigung im Steuer- und Abgabensystem schaffen

Ein Anreiz könnte über eine beschäftigungsneutrale Besteuerung von Ehepaaren oder den Wegfall von Sozialabgaben für erwerbstätige Personen im Rentenalter gesetzt werden (Hüther, Jung und Obst, 2022). Eine stärkere Aktivierung der wachsenden Zahl an ‚erwerbsfähigen' Personen im Rentenalter für gemeinwohlorientierte Tätigkeiten jenseits von professionellen Kernaufgaben – sei es in Erwerbsarbeit, im Ehrenamt oder wie auch immer ausgestalteten ‚Hand- und Spanndiensten' von Gemeinden, sollte angesichts der Verschiebung der Altersstruktur in der Gesellschaft kein Tabuthema sein. So sollte älteren Beschäftigten, die noch länger, aber nicht mehr in vollem oder auch nur in kleinem Umfang arbeiten wollen, keine Steine in den Weg gelegt werden.

6. Systemische Entscheidungen treffen

Die Parallelität einer Versorgung durch staatliche (vor allem kommunale), gemeinnützige und gewerbliche Angebote wird zunehmend an Grenzen gelangen. Ist eine Dominanz profitorientierter Anbieter politisch präferiert? Sind die Konsequenzen dabei ausreichend klar? Bis zu welchem Grad ist es politisch hinnehmbar, dass sich die Angebote weniger an Bedürfnissen der zu Versorgenden und der Beschäftigten und mehr an Profitchancen ausrichtet? Was bedeutet das für Angebote, die keine Gewinnmargen versprechen? Welche Auswirkungen zeigen sich bei der Versorgung insgesamt? Und was heißt das für die Beschäftigung im Sektor? Schließlich gehen viele Beschäftigte eher von einer Ausrichtung am Menschen aus; so werden sie ausgebildet.

All dies ist zu diskutieren, denn gemeinnützige Angebote geraten vor allem im Wettbewerb mit gewerblichen Anbietern zunehmend ins Hintertreffen (Schmitz, 19. November 2022). Die breite Angebotspalette der gemeinnützigen Wohlfahrtsverbände basierte allerdings darauf, dass in einigen Arbeitsfeldern Überschüsse erwirtschaftet werden konnten, mit denen dann unterfinanzierte Angebote aufrechterhalten werden. Da alle Bereiche, die Gewinne versprechen, zunehmend in die Hand profitorientierter Angebote übergehen, geraten diese Gesamtsysteme ins Wanken. Zudem wird insbesondere in der Fachcommunity der Wohlfahrtsverbände zunehmend von einem gleichzeitigen Trend der Kommunalisierung gesprochen. Offenbar gehen einige Kommunen dazu über, Angebote verstärkt selbst, also staatlich, zu erbringen. Die gemeinnützigen Dienste und Einrichtungen verlieren damit weiter an Terrain.

Beschäftigungspolitisch bedeutsam ist in diesem Zusammenhang die geringe Tarifabdeckung gewinnorientierter Betriebe (vgl. Abschnitt 5.3). Wo privat-gewerbliche Einrichtungen dominieren, sind tarifliche ‚weiße Flecken' und fehlende Mitbestimmung häufig, was aber nicht zu einer Infragestellung dieser Angebotsform geführt hat. Politisch ist dies bemerkenswert, da die Stärkung der Tarife seit Jahrzehnten zum beschäftigungspolitischen Kanon der Bundesregierung gehört. Immerhin dürfte es im Wettbewerb um Fach- und Arbeitskräfte tarifgebundenen Einrichtungen mit betrieblicher Mitbestimmung besser gelingen, attraktiv für ihr bestehendes und zukünftiges Personal zu sein.

Diese Entwicklung einer voranschreitenden Ökonomisierung und einer Veränderung des Trägermixes zu Lasten gemeinnütziger Angebotsträger wird jedoch schleichend in eine polarisierte Angebotslandschaft angelsächsischer Prägung münden, die für diejenigen gute, vor allem durch profitorientierte Unternehmen erbrachte Angebote vorhält, die mit hohen Einkommen und Vermögen ausgestattet sind. Für den Rest wird das nicht mehr gelten. Das mag für manche ein präferierter oder als alternativlos erachteter Weg sein, allerdings wäre eine offen geführte politische Debatte darüber angezeigt.

Diese sollte in ein klares Leitbild münden, das entsprechendes politisches Handeln nach sich zieht.

7. Der zunehmenden Zersplitterung und der Verstärkung des internen Lohnwettbewerbs im sozialen Sektor aktiv entgegenwirken

Hier müssten Anstrengungen auf politischer Ebene wie auch auf Ebene der Gewerkschaften und Arbeitgeber unternommen werden, ein Auseinanderdriften von Lohn- und Beschäftigungsbedingungen innerhalb von Einrichtungen des sozialen Sektors zu verhindern.

8. Strukturförderung ermöglichen, Steuerung neu denken, Bürokratie abbauen

Die kleinteilige Steuerung durch Kostenträger und die vielfach der Logik öffentlicher Haushaltsaufstellung folgende Projektorientierung sind Hindernisse für gute Beschäftigung und attraktive Jobs im sozialen Sektor. Steuerungsmechanismen und bürokratische Kontrollen stehen zudem für ein gewachsenes Grundmisstrauen des Staates gegenüber den Beschäftigten im sozialen Sektor. Auf allen Ebenen der Verbände und Unternehmen steigen die Aufwände für Verwaltung und Prüfung seit Jahren an. Verwaltungen und Träger scheinen in einer Bürokratiespirale zu stecken, die Engagement abwürgt und einer beruflichen Entfaltung entgegenwirkt. Diese Feststellung begegnete dem Autor:innenteam immer wieder. Sie deckt sich mit den Erfahrungen im Deutschen Roten Kreuz sowie dem verbandsübergreifenden Dialog in vielen Gremien und Bündnissen und entspricht dem Fachdiskurs: „Obwohl der gesellschaftliche Wandel die Bedarfe an professioneller sozialarbeiterischer Hilfe kontinuierlich steigen lässt, schwächen zunehmend restriktive Rahmenbedingungen und die abnehmende finanzielle Ausstattung der Angebote den Stellenwert der Sozialen Arbeit in sowohl den Verbänden als auch der öffentlichen Wahrnehmung." (Mehler, 2021, S. 2) Dorothea Greiling stellte schon vor zehn Jahren einen „Wandel von einer trust me- zu einer prove me- Kultur" im Hinblick auf Nonprofit-Organisationen (NPOs) fest (Greiling, 2014, S. 231). Und heruntergebrochen auf die Pflege verweisen Studien auf einen „Perspektivenwechsel im pflegerischen Handeln [...], das sich von der sinnlichen Wahrnehmung von Befindlichkeiten hin zur Abarbeitung von Pflegestandards (,Checklisten') bewegt [...]" (Aulenbacher, Dammayr und Riegraf, 2018, S. 756). Vergleichende Studien zum bürokratischen Aufwand, die diese Entwicklung ins Verhältnis zu anderen Branchen setzen, fehlen. Es wäre interessant festzustellen, ob sie einer übergeordneten gesteigerten Nachweis- und Kontrollkultur entspricht, oder ob soziale und zivilgesellschaftlich organisierte Einrichtungen in besonderer Weise betroffen sind. Fakt ist, dass hier Hebel bestehen, an denen anzusetzen wäre – ohne auf Sicherheit im Umgang mit öffentlichen Mitteln zu verzichten. Allerdings setzt dies ein Umdenken an vielen Stellen voraus, für das es derzeit keinerlei Anzeichen gibt. Dennoch: Strukturelle Finanzierungsansätze, die mittelfristige Planungen ermöglichen und auf die Kompetenz und das Engagement der Arbeits- und Fachkräfte aufbauen sowie eine auf grundlegende Wirkungen ausgerichtete Steuerung würden die Attraktivität der Jobs steigern und Arbeitskräfte halten.

9. Freiwilliges Engagement im sozialen Sektor aktiv fördern, statt ewig über den Pflichtdienst zu debattieren

Die Diskussionen über einen sozialen Pflichtdienst und eine Wiedereinführung der Wehrpflicht fanden bislang überwiegend im Kontext einer Gesellschaft statt, die knappheitsbedingte Unterversorgung, Notlagen aufgrund von Naturereignissen oder Kriegsbedrohungen überwiegend aus der Tagesschau kennt, nicht aber aus eigener Erfahrung. Die Begriffe Pflicht, Gemeinwohl und Daseinsvorsorge scheinen in der liberalen Freiwilligkeitsgesellschaft gegenüber Begriffen wie Freiheit, Wachstum und Selbstbestimmung überwiegend altbacken oder negativ konnotiert zu sein. Unsere sozialen Pflichten bezüglich der öffentlichen Daseinsvorsorge, so der Grundkonsens, beschränken sich im Wesentlichen auf das Entrichten von Steuern und Sozialabgaben, Freiwilligenarbeit ist allenfalls eine ‚Kann-Norm‘. Es sind die jeweils anderen, die wir bezahlen und die für die Aufrechterhaltung des Gemeinwesens sorgen. Soziale Hilfen und Engagement jenseits staatlich organisierter Leistungen sind als ‚add-on‘ zwar erwünscht und auch notwendig, stehen jedoch unter dem Diktum der Freiwilligkeit.

Was aber, wenn die soziale Daseinsvorsorge durch die anderen nicht mehr gewährleistet ist und eine – sicherlich regional unterschiedlich ausgeprägte – Unterversorgung nicht nur in Krisensituationen, sondern im alltäglichen Leben trotz aller Bemühungen, den Personalmangel zu bekämpfen, die Regel wird?

Auf Gemeindeebene wäre es schon jetzt möglich, unter bestimmten Voraussetzungen sogenannte Hand- und Spanndienste (Gemeindedienste) zur Erfüllung gemeindlicher Aufgaben unter angemessener Berücksichtigung der persönlichen Verhältnisse der Pflichtigen anzuordnen. Wie auch immer man zu sozialen Diensten im Spannungsfeld zwischen Pflicht und Freiwilligkeit und den ausreichend debattierten Vor- und Nachteilen von Freiwilligen- und Pflichtdiensten steht, es ist nicht unwahrscheinlich, dass es zunehmend zu Situationen kommen wird, in denen den jeweils Betroffenen nichts anderes übrigbleibt, als sich selbst zu kümmern und zu organisieren – weder freiwillig noch verpflichtet, sondern aus purer Notwendigkeit.

Eine Debatte darüber, ob solche Situationen fehlender Daseinsvorsorge über ein wie auch immer organisiertes solidarisches Netz Freiwilliger, über gemeindespezifische ‚einfaches Anführungszeichen unten Hand- und Spanndienste‘ einfaches Anführungszeichen oben oder eine generelle Dienstpflicht abgefedert werden können, ist daher vielleicht kein Zufall. Neben dem Risiko zunehmender sozialer Unterversorgung ist jedenfalls absehbar, dass Naturereignisse, Fluchtbewegungen nach Deutschland und andere – als Krisen wahrgenommene – Ereignisse zunehmen und eine Stärkung gesellschaftlicher Anpassungsfähigkeit und Resilienz notwendig erscheint – und zwar vorab, bevor das Kind in den Brunnen fällt (Struck et al., 2021). Das Deutsche Rote Kreuz zum Beispiel hat sich klar positioniert und schlägt mit derselben Zielstellung den Ausbau und die Steigerung der Attraktivität der bestehenden Freiwilligendienste vor (Steinke und Peters, 2023). Dies wäre einfacher, effizienter und kostengünstiger als die Einführung eines Pflichtdienstes.

Letztlich ist es vom Ergebnis her wahrscheinlich nicht ausschlaggebend, ob Freiwilligendienste über monetäre und sonstige Anreize signifikant ausgebaut werden, die ‚Freiwilligkeit‘ über psychologisches ‚Nudging‘ beeinflusst oder aber in paternalistischer Weise ein allgemeiner Pflichtdienst eingeführt wird. Entscheidend wird sein, möglichst breite Bevölkerungsschichten und – angesichts des demografischen Wandels – auch und insbesondere Bevölkerungsgruppen im Rentenalter für soziale Dienste zu (re-)aktivieren, sofern sie nicht länger dem Arbeitsmarkt zur Verfügung stehen und es ihre Gesundheit und Kraft noch zulässt. Der Kreativität der Ausgestaltung solcher Dienste und Dienstzeiten über alle Altersgruppen und Schichten hinweg sei jedenfalls zunächst keine Grenze gesetzt, entscheidend ist es, vorbereitet zu sein. Wichtig ist jedoch, dass die bereits seit Jahren in jedem parlamentarischen ‚Sommerloch‘ neu aufgelegte Pflichtdienstdebatte gestoppt und durch politisches Handeln ersetzt wird. Öffentliche Mittel in beträchtlichem Ausmaß sind dafür notwendig. Hinzu kommt: Wenn die Beschäftigten in Zukunft nicht weniger, sondern mehr arbeiten werden (müssen), steht weniger Zeitbudget für ehrenamtliches Engagement zur Verfügung (Hohendanner und Zika, 2021). Ohne politische Anstrengung wird nicht nur das hauptamtliche, sondern auch das ehrenamtliche Personal zunehmend knapp.

10. Digitalisierung und Technik gezielt nutzen

Im Hinblick auf Digitalisierung und Technik ist der gesamte Sektor ausbaufähig. Es sind Investitionen in Technik und Know-How nötig, um den Rückstand aufzuholen. Entscheidend wird sein, wie in groß angelegten Digitalisierungsvorhaben die Ebene der Einrichtungen und Dienste mitgedacht werden. Die neue Telematikinfrastruktur beispielsweise, die ab 2024 einen besseren Datenaustausch unter den Akteuren des Gesundheitswesens ermöglichen soll, kann nur gelingen, wenn die Einrichtungen die entsprechenden Voraussetzungen und das entsprechende Wissen haben, um diesen Anforderungen gerecht zu werden. Hier geht es schließlich um die Frage, ob derartige Vorhaben die Beschäftigungssituation verbessern, weil Abläufe entsprechend smarter sind oder ob sie als weitere Hürde empfunden werden, die von der eigentlichen Pflegearbeit abhalten. Letztlich wird Digitalisierung nur dann erfolgreich sein, wenn die Beschäftigten konsequent einbezogen sind.

Vielfach sind vor allem die Refinanzierungsstrukturen entsprechend anzupassen, so dass digitale und technische Lösungen überhaupt eingesetzt werden können. Gelingt dies, dann ergeben sich möglicherweise Entlastungseffekte. Im Bereich der Sozialberatungen ließe sich viel bewegen. Im Rahmen der Umsetzung des Onlinezugangsgesetzes (OZG) hat das Land Nordrhein-Westfalen beispielsweise eine Sozialplattform aufgesetzt, über die Beratungsleistungen (z. B. Schuldnerberatungen) schon jetzt einfach möglich wären. Im Grunde ließen sich unproblematisch, datenschutzkonform und mit vergleichsweise geringem finanziellem Aufwand sehr zeitnah digitale Beratungsleistungen erbringen. Dadurch könnten Angebotslücken geschlossen und durch eine bessere Verteilung der Anfrageaufkommen Fachkräfte entlastet werden. Häufig werden diese Leistungen jedoch kommunal refinanziert, und dies eben nur dann, wenn sie ausdrücklich den Bürger:innen der eigenen Kommune zugutekommen. Nur wenn starre Territorialitätsbindungen abgelöst werden, können positive Digitalisierungseffekte erzielt werden. Insofern fehlt es an Investitionen, aber vor allem am politischen Willen, Digitalisierung in der Angebotslandschaft positiv zu flankieren und sich auf neue Finanzierungslogiken einzulassen.

Sinnvoll und adäquat wäre eine eigene Digitalisierungsstrategie für den sozialen und gesundheitsbezogenen Sektor, der die Ansprüche der Bürger:innen, die Erwartungen der Beschäftigten, die Perspektive der Träger sowie die Kosten- und Finanzierungslogik mit gesamtstrategischen Ansätzen zusammenführt.

11. Was ist der soziale Sektor der Gesellschaft wert?

Die Spirale aus Arbeitskräftemangel und daraus resultierender weiterer Belastungszunahme für die verbliebenen Beschäftigten ist dringend aufzuhalten. Ein ernsthaftes politisches Bemühen um die Verbesserung der Beschäftigung im sozialen Sektor und damit um eine qualitativ hochwertige Infrastruktur erfordert jedoch eine ganze Reihe von Maßnahmen und bestenfalls einen umfassenden beschäftigungspolitischen Ansatz. Eine breite Diskussion in der Gesellschaft erscheint dabei unumgänglich. Zum einen braucht es Informationen über den Abbau von Kapazitäten, damit Erwartungen an Unterstützung, Beratung und Pflege unbedingt reduziert werden. Dazu dienen die oben beschriebenen Maßnahmen. Gleichzeitig erhöhen zentrale Maßnahmen die Kosten. Die als Lebenslüge des Sozialstaats beschriebene Fiktion, es handele sich um Märkte, ist angesichts der Realitäten im Sektor nicht mehr aufrecht zu erhalten. Es geht um Kosten, die volkswirtschaftlich zu erwirtschaften sind und die in der Gesellschaft verteilt werden müssen. Und es geht um Werte sowie um gesellschaftlichen Zusammenhalt, denn die Einrichtungen und Dienste tragen dazu bei, dass Menschen versorgt, betreut, gepflegt und beraten werden. Menschen, die über viele Ressourcen verfügen, werden auch in einer Zeit, in der der soziale Sektor schrumpft, für sich und ihre Familien sorgen können. Sie werden auf teurere Alternativen (zum Beispiel 24-Stunden-Pflege) zurückgreifen und sich größtenteils selbst organisieren können. Menschen, die aus unterschiedlichsten Gründen benachteiligt sind oder besondere Bedürfnisse haben, stehen diese Wege jedoch nicht im selben Maße offen. Das hat möglicherweise Konsequenzen über Generationen hinaus. Wer an Chancengleichheit und dem Ziel einer Aufstiegsmöglichkeit festhalten will, muss in den sozialen Sektor investieren. Politische Ansätze münden somit in der Frage, wie hoch die Kosten dafür sein dürfen und wer sie zu tragen hat. Es ist von hoher Bedeutung, dass wir uns diesen Fragen stellen.

7 Literatur

ACHATZ, J. und S. GUNDERT, 2017. *Arbeitsqualität und Jobsuche von erwerbstätigten Grundsicherungsbeziehern* [online]. IAB-Forschungsbericht. 10/2017 [Zugriff am: 8. Dezember 2021]. Verfügbar unter: https://doku.iab.de/forschungsbericht/2017/fb1017.pdf

ALBERT, A., S. BETZELT und S. PARSCHICK, 2022. Soziale Dienstleistungen unter Druck: Ökonomisierungsgetriebene Handlungsdilemmata und ihre emotionalen Implikationen. In: S. BETZELT und T. FEHMEL, Hg. *Deformation oder Transformation? Analysen zum wohlfahrtsstaatlichen Wandel im 21. Jahrhundert.* Wiesbaden: Springer VS, S. 225–250. ISBN 978-3-658-35209-7.

ALTSCHUL, S., S. BÄHR, J. BESTE, M. COLLISCHON, M. COBAN, S. DUMMERT, C. FRODERMANN, P. GLEISER, S. GUNDERT, B. KÜFNER, J. MACKEBEN, S. MALICH, B. MÜLLER, S. SCHWARZ, J. STEGMAIER, N. TEICHLER, M. TRAPPMANN, S. UNGER, C. WENZIG, M. BERG, R. CRAMER, C. DICKMANN, R. GILBERG, B. JESSKE und M. KLEUDGEN, 2023. *Panel Arbeitsmarkt und soziale Sicherung (PASS) – Version 0621 v2.* Forschungsdatenzentrum der Bundesagentur für Arbeit (BA) im Institut für Arbeitsmarkt- und Berufsforschung (IAB).

AULENBACHER, B., M. DAMMAYR und B. RIEGRAF, 2018. Care und Care Work. In: F. BÖHLE, G.G. VOß und G. WACHTLER, Hg. *Handbuch Arbeitssoziologie. Akteure und Institutionen.* 2. Auflage. Wiesbaden: Springer VS, S. 747–766. ISBN 978-3-658-21703-7.

BDA-KOMMISSION ZUKUNFT DER SOZIALVERSICHERUNGEN, 2020. *Beitragsbelastung dauerhaft begrenzen* [online]. Berlin [Zugriff am: 11. November 2023]. Verfügbar unter: https://arbeitgeber.de/wp-content/uploads/2020/12/bda-arbeitgeber-broschuere-zukunft_der_sozialversicherung-2020_07.pdf

BELLMANN, L., L. BRUNNER, P. ELLGUTH, P. GRUNAU, C. HOHENDANNER, S. KOHAUT, U. LEBER, I. MÖLLER, B. SCHWENGLER, J. STEGMAIER und M. UMKEHRER, 2022. *IAB-Betriebspanel (IAB BP) – Version 9321 v1.*

BERGER, J. und C. OFFE, 1980. Die Entwicklungsdynamik des Dienstleistungssektors [online]. *Leviathan,* **8**(1), 41–75. Leviathan. Verfügbar unter: https://www.jstor.org/stable/23982977

BIESECKER, A., 27./28.11.14. „Vorsorgendes Wirtschaften": Zum Verhältnis von Zeit- und Güterwohlstand aus der Ge-schlechterperspektive. 9 Thesen [online], 27./28.11.14. WSI-Herbstforum 2014 [Zugriff am: 4. August 2021]. Verfügbar unter: https://www.boeckler.de/pdf/v_2014_11_28_biesecker.pdf

BLANK, F., 2017. Aufschwung mit Hindernissen – professionelle Sorgearbeit in Deutschland [online]. In: *WSI-Mitteilungen,* S. 173–179 [Zugriff am: 11. April 2021]. Verfügbar unter: https://www.wsi.de/de/wsi-mitteilungen-aufschwung-mit-hindernissen-professionelle-sorgearbeit-in-deutschland-13347.htm

BLUM, K., S. LÖFFERT und L. SCHUMACHER, 2022. *DKI Krankenhaus-Pool: Leiharbeit im Krankenhaus. Umfrage November 2022:* Leiharbeit im Krankenhaus [online]. Düsseldorf [Zugriff am: 27. Mai 2023]. Verfügbar unter: https://www.dki.de/sites/default/files/2023-03/DKI-Krankenhaus-Pool_Leiharbeit%20im%20Krankenhaus.pdf

BMAS. *Ein starkes Signal für die soziale Infrastruktur. Das Bundeskabinett beschließt die Verlängerung des Sozialdienstleister-Einsatzgesetzes bis zum 31. Dezember 2020,* 2020. Berlin [Zugriff am: 9. Oktober 2022]. Verfügbar unter: https://www.bmas.de/DE/Service/Presse/Pressemitteilungen/2020/ein-starkes-signal-fuer-die-soziale-infrastruktur.html

BODE, I., 2014. Wohlfartsstaatlichkeit und Dritter Sektor im Wandel: Die Fragmentierung eines historischen Zivilisationsprojekts. In: A.E. ZIMMER und R. SIMSA, Hg. *Forschung zu Zivilgesellschaft, NPOs und Engagement. Quo Vadis.* Wiesbaden: Springer VS, S. 81–95. ISBN 978-3-658-06176-0.

BODE, I., 2018. Arbeit im gemeinnützigen und informellen Sektor. In: F. BÖHLE, G.G. VOß und G. WACHTLER, Hg. *Handbuch Arbeitssoziologie. Akteure und Institutionen.* 2. Auflage. Wiesbaden: Springer VS, S. 801–821. ISBN 978-3-658-21703-7.

BODE, I., 2021. Neue Perspektiven. *Sozialwirtschaft,* **31**(5), 11–13. Sozialwirtschaft.

https://doi.org/10.1515/9783110748024-007

BOEßENECKER, K.-H. und M. VILAIN, 2013. *Spitzenverbände der Freien Wohlfahrtspflege. Eine Einführung in Organisationsstrukturen und Handlungsfelder sozialwirtschaftlicher Akteure in Deutschland.* 2. Auflage. Weinheim Basel: Beltz Juventa. ISBN 978-3-7799-2502-6.

BOSSLER, M. und M. POPP, 2023. *Arbeitsmarktanspannung aus beruflicher und regionaler Sicht: Die steigende Knappheit an Arbeitskräften bremst das Beschäftigungswachstum.* Institut für Arbeitsmarkt- und Berufsforschung der Bundesagentur für Arbeit. IAB-Kurzbericht.

BRÄNDLE, T., R. KALWEIT, A. KOCH, T. KÖNIG, M. REINER, H. SCHÜTZ und J. SPÄTH, 2022. *Evaluation des Arbeitnehmerüberlassungsgesetzes (AÜG). Endbericht zum Forschungsvorhaben.* Im Auftrag des BMAS. IAW. Tübingen. Forschungsbericht. 614.

BRENKE, K., T. SCHLAAK und L. RINGWALD, 2016. Sozialwesen: ein rasant wachsender Wirtschaftszweig. *DIW Wochenbericht,* **85**(16), 306–315. DIW Wochenbericht.

BRINKMANN, b., 14. Februar 2023. Drei Ideen von Andrea Nahles gegen den Fachkräftemangel [online]. *Süddeutsche Zeitung* [Zugriff am: 13. Oktober 2023]. Verfügbar unter: https://www.sueddeutsche.de/wirtschaft/bundesagentur-fuer-arbeit-andrea-nahles-fachkraeftemangel-1.5751176

BRK, 2022. *Zweites Projekt des BRK zur Rekrutierung von Pflegekräften aus Mexiko* [online]. 11. November 2023, 12:00. Verfügbar unter: https://www.brk.de/aktuell/bewerben-sie-sich/rekrutierung-von-pflegekraeften-aus-mexiko.html

BÜCKER, T., 2020. Zeit, die es braucht. Care-Politik als Zeitpolitik. [online]. *APuZ,* **70**(45), 4–9. APuZ [Zugriff am: 9. Mai 2021]. Verfügbar unter: https://www.bpb.de/apuz/care-arbeit-2020/317843/zeit-die-es-braucht-care-politik-als-zeit-politik#footnode4-4

BUNDESAGENTUR FÜR ARBEIT, 2023. Entwicklungen in der Zeitarbeit [online]. Berichte: Blickpunkt Arbeitsmarkt – Entwicklungen in der Zeitarbeit [Zugriff am: 13. November 2023]. Verfügbar unter: https://statistik.arbeitsagentur.de/DE/Statischer-Content/Statistiken/Themen-im-Fokus/Zeitarbeit/generische-Publikation/Arbeitsmarkt-Deutschland-Zeitarbeit-Aktuelle-Entwicklung.pdf?__blob=publicationFile

BUNDESMINISTERIUM FÜR GESUNDHEIT, 2021. *Sucht und Drogen* [online]. 28. Januar 2022 [Zugriff am: 28. Januar 2022]. Verfügbar unter: https://www.bundesgesundheitsministerium.de/themen/praevention/gesundheitsgefahren/sucht-und-drogen.html

CLARK, A.E., 2015. *What makes a good job? Job quality and job satisfaction* [online]. 29. Juli 2021 [Zugriff am: 29. Juli 2021]. Verfügbar unter: https://wol.iza.org/articles/what-makes-good-job-job-quality-and-job-satisfaction/long

CORNELIßEN, T., 2009. The Interaction of Job Satisfaction, Job Search, and Job Changes. An Empirical Investigation with German Panel Data [online]. *Journal of Happiness Studies,* **10**(3), 367–384. ISSN 1389-4978 [Zugriff am: 3. Juni 2021]. Verfügbar unter: doi:10.1007/s10902-008-9094-5

CREDITREFORM WIRTSCHAFTSFORSCHUNG, 2021. *Schuldneratlas 2021: Überschuldung von Verbrauchern* [online]. Verfügbar unter: https://www.boniversum.de/wp-content/uploads/2021/11/CR-S-Atlas-DEU-2021-Bericht.pdf

DEUTSCHE HAUPTSTELLE FÜR SUCHTFRAGEN, 2019. *Die Versorgung von Menschen mit Suchtproblemen in Deutschland. Analyse der Hilfen und Angebote & Zukunftsperspektiven* [online]. Update 2019. Verfügbar unter: https://www.dhs.de/fileadmin/user_upload/pdf/suchthilfe/Versorgungssystem/Die_Versorgung_Suchtkranker_in_Deutschland_Update_2019.pdf

DEUTSCHE HAUPTSTELLE FÜR SUCHTFRAGEN, 28 Januar 2022, 12:00. *Suchtberatung* [online] [Zugriff am: 28. Januar 2022]. Verfügbar unter: https://www.dhs.de/suchthilfe/suchtberatung

DEUTSCHER BEAMTENBUND UND TARIFUNION, 2022. *Monitor öffentlicher Dienst 2023* [online] [Zugriff am: 13. Oktober 2023]. Verfügbar unter: https://www.dbb.de/fileadmin/user_upload/globale_elemente/pdfs/2023/dbb_monitor_oeffentlicher_dienst_2023.pdf

DOUMA, E., 2016. Die Ökonomisierung der Sozialen Arbeit schafft die Wohlfahrt ab? In: A. WÖHRLE, Hg. *Moral und Geschäft. Positionen zum ethischen Management in der Sozialwirtschaft.* Baden-Baden: Nomos, S. 35–46. ISBN 9783845263526.

DRAGANO, N., 2016. Arbeit und Gesundheit. In: M. RICHTER und K. HURRELMANN, Hg. *Soziologie von Gesundheit und Krankheit*. Wiesbaden: Springer Fachmedien Wiesbaden, S. 167–182. ISBN 978-3-658-11009-3.

DUDEN WIRTSCHAFT VON A BIS Z, 2016. Grundlagenwissen für Schule und Studium, Beruf und Alltag [Zugriff am: 9. Mai 2021]. Verfügbar unter: https://www.bpb.de/nachschlagen/lexika/lexikon-der-wirtschaft/19727/infrastruktur

EVERS, A., R.G. HEINZE und T. OLK, 2011. Einleitung: Soziale Dienste – Arenen und Impulsgeber sozialen Wandels. In: A. EVERS, R.G. HEINZE und T. OLK, Hg. *Handbuch Soziale Dienste*. Wiesbaden: VS Verlag für Sozialwissenschaften | Springer Fachmedien Wiesbaden, S. 9–32. ISBN 9783531155043.

GANZER, A., A. SCHMUCKER, J. STEGMAIER und S. WOLTER, 2022. *Betriebs-Historik-Panel (BHP) – Version 7521 v1.*

GEIS-THÖNE, W., 2021. *Mögliche Entwicklungen des Fachkräfteangebots bis zum Jahr 2040: Eine Betrachtung der zentralen Determinanten und Vorausberechnung* [online]. Institut der deutschen Wirtschaft (IW). IW-Reports. 11/2021 [Zugriff am: 31. Oktober 2021]. Verfügbar unter: https://ideas.repec.org/p/zbw/iwkrep/112021.html

GREILING, D., 2014. Qualität und Transparenz von NPOs: Pflichtübung oder Chance? In: A.E. ZIMMER und R. SIMSA, Hg. *Forschung zu Zivilgesellschaft, NPOs und Engagement. Quo Vadis*. Wiesbaden: Springer VS, S. 231–244. ISBN 978-3-658-06176-0.

GUNDERT, S., Y. KOSYAKOVA und T. FENDEL, 2020. *Migrantinnen und Migranten am deutschen Arbeitsmarkt. Qualität der Arbeitsplätze als wichtiger Gradmesser einer gelungenen Integration* [online]. IAB-Kurzbericht. 25/2020 [Zugriff am: 25. Januar 2022]. Verfügbar unter: https://doku.iab.de/kurzber/2020/kb2520.pdf

HA, 2021. Arbeitsfeld Schulsozialarbeit.

HARTMANN, A., 2011. Soziale Dienste: Merkmale, Aufgaben und Entwicklungstrends aus der Perspektive soziologischer Theorien. In: A. EVERS, R.G. HEINZE und T. OLK, Hg. *Handbuch Soziale Dienste*. Wiesbaden: VS Verlag für Sozialwissenschaften | Springer Fachmedien Wiesbaden, S. 76–93. ISBN 9783531155043.

HC, 29. November 2021. Arbeitsfeld Pflege.

HEINZE, R.G., 2011. Soziale Dienste und Beschäftigung. In: A. EVERS, R.G. HEINZE und T. OLK, Hg. *Handbuch Soziale Dienste*. Wiesbaden: VS Verlag für Sozialwissenschaften | Springer Fachmedien Wiesbaden, S. 168–186. ISBN 9783531155043.

HELLWAGNER, T., D. SÖHNLEIN, S. WANGER und E. WEBER, 2022. *Wie sich eine demografisch bedingte Schrumpfung des Arbeitsmarkts noch abwenden lässt* [online]. Institut für Arbeitsmarkt- und Berufsforschung der Bundesagentur für Arbeit. IAB-Forum [Zugriff am: 13. Oktober 2023]. Verfügbar unter: https://www.iab-forum.de/wie-sich-eine-demografisch-bedingte-schrumpfung-des-arbeitsmarkts-noch-abwenden-laesst

HICKMANN, H. und F. KONEBERG, 2022. *Die Berufe mit den aktuell größten Fachkräftelücken*. Köln. IW-Kurzbericht. 67.

HIPP, L., N. KELLE und L.-M. OUART, 2017. Arbeitszeiten im sozialen Dienstleistungssektor im Länder- und Berufsvergleich [online]. In: *WSI-Mitteilungen*, S. 197–204 [Zugriff am: 11. April 2021]. Verfügbar unter: https://www.wsi.de/de/wsi-mitteilungen-arbeitszeiten-im-sozialen-dienstleistungssektor-im-laender-und-berufsvergleich-13350.htm

HOHENDANNER, C. und G. ZIKA, 2021. Prognose 2: Wandel des Arbeitsmarktes [online]. In: L. BENNING, L. GERBER, H. KRIMMER, P. SCHUBERT und R. TAHMAZ, Hg. *Zivilgesellschaftliches Engagement im Jahr 2031*. Berlin [Zugriff am: 13. Oktober 2023]. Verfügbar unter: https://www.ziviz.de/sites/ziv/files/zivilge sellschaftliches_engagement_im_jahr_2031.pdf

HOHENDANNER, C. und I. MÖLLER, 2022. Beschäftigungsanpassungen vor und während der Corona-Pandemie. In: L. BELLMANN und W. MATIASKE, Hg. *Sozio-Ökonomik der Corona-Krise*. Marburg: Metropolis-Verlag, S. 43–67. ISBN 9783731614876.

HOHENDANNER, C., 2019. *Zur Befristungssituation im öffentlichen Dienst. Schriftliche Anhörung des IAB zum Antrag der SPD-Fraktion vom 2.4.2019 „NRW muss Vorreiter werden! – Auf sachgrundlose Befristungen im öffentlichen Dienst verzichten" zur Sitzung des Haushalts- und Finanzausschusses des Landtags Nordrhein-Westfalen* [online]. IAB-Stellungnahme. 12 [Zugriff am: 24. Juli 2023]. Verfügbar unter: https://doku.iab.de/stellungnahme/2019/sn1219.pdf

HUEBENER, M., A. PAPE und C.K. SPIEß, 2019. Gebührenbefreiung des letzten Kita-Jahres: Mütter weiten ihre Arbeitszeit nur kurzfristig aus [online]. *DIW Wochenbericht*, **86**(48), 869–878. DIW Wochenbericht [Zugriff am: 29. Oktober 2023]. Verfügbar unter: https://doi.org/10.18723/diw_wb:2019-48-1

HÜTHER, M., M. JUNG und T. OBST, 2022. Wachstum durch Beschäftigung: Potenziale der deutschen Volkswirtschaft [online]. *Zeitschrift für Wirtschaftspolitik*, **71**(2), 95–123. ISSN 0721-3808. Verfügbar unter: doi:10.1515/zfwp-2022-2074

Klassifikation der Berufe 2010 – überarbeitete Fassung 2020 Band 1: Systematischer und alphabetischer Teil mit Erläuterungen, 2020. Nürnberg [Zugriff am: 3. August 2021]. Verfügbar unter: https://statistik.arbeits agentur.de/DE/Statischer-Content/Grundlagen/Klassifikationen/Klassifikation-der-Berufe/KldB2010-Fassung2020/Printausgabe-KldB-2010-Fassung2020/Generische-Publikationen/KldB2010-PDF-Version-Band1-Fassung2020.pdf?__blob=publicationFile&v=8

KLATT, T., 11.03.21. Das Veto der Caritas und seine Folgen [online]. *Deutschlandfunk*, **2021** [Zugriff am: 2. November 2023]. Verfügbar unter: https://www.deutschlandfunk.de/pflegetarifvertrag-das-veto-der-caritas-und-seine-folgen-100.html

KNIEPS, F., H. PFAFF und B. BAS, Hg., 2021. *Krise – Wandel – Aufbruch. Zahlen, Daten, Fakten.* Berlin: Medizinisch Wissenschaftliche Verlagsgesellschaft. BKK Gesundheitsreport. 2021. ISBN 978-3-95466-648-5.

MEHLER, J.-N., 2021. Wohlfahrtspflege. Trends und Perspektiven Sozialer Arbeit. *SozialwirtschaftAktuell*, (12), 1–3. SozialwirtschaftAktuell.

MERCHEL, J., 2011. Wohlfahrtsverbände, Dritter Sektor und Zivilgesellschaft. In: A. EVERS, R.G. HEINZE und T. OLK, Hg. *Handbuch Soziale Dienste*. Wiesbaden: VS Verlag für Sozialwissenschaften | Springer Fachmedien Wiesbaden, S. 245–264. ISBN 9783531155043.

MN, 25. November 2021. Arbeitsfeld Pflege.

NDR, 16. März 2023. *Großteil privater Pflegedienste in MV fürchtet um Existenz.*

NOVAKOVIC, A., 2022. Auswirkungen des Vergaberechts auf die Erbringung sozialer Leistungen. In: DEUTSCHER VEREIN FÜR ÖFFENTLICHE UND PRIVATE FÜRSORGE E.V., Hg. *Vergaberecht in der Praxis sozialer Arbeit*. Freiburg im Breisgau: Lambertus, S. 26–39. ISBN 978-3-7841-3490-1.

OSTNER, I., 2011. Care – eine Schlüsselkategorie sozialwissenschaftlicher Forschung? In: A. EVERS, R.G. HEINZE und T. OLK, Hg. *Handbuch Soziale Dienste*. Wiesbaden: VS Verlag für Sozialwissenschaften | Springer Fachmedien Wiesbaden, S. 462–481. ISBN 9783531155043.

PIASNA, A., B. BURCHELL, K. SEHNBRUCH und N. AGLONI, 2017. Job quality: conceptual and methodological challenges for comparative analysis [online]. In: D. GRIMSHAW, C. FAGAN, G. HEBSON und I. TAVORA, Hg. *Making work more equal. A new labour market segmentation approach*. Manchester: Manchester University Press, S. 168–187. ISBN 9781526125972 [Zugriff am: 4. August 2021]. Verfügbar unter: https://library.oapen.org/bitstream/handle/20.500.12657/31207/Ma king%20work%20more%20equal.pdf?sequence=1#page=185

QUITTKAT, C., 2019. *Das vielfältige Reservoir der Zivilgesellschaft und neue Lobbykräfte für die Demokratie* [online] [Zugriff am: 17.10.21]. Verfügbar unter: https://www.bpb.de/politik/wirtschaft/lobbyismus/275980/zivilgesellschaft-und-neue-lobbykraefte

RAT DER ARBEITSWELT, 2021. *Vielfältige Ressourcen stärken – Zukunft gestalten. Impulse für eine nachhaltige Arbeitswelt zwischen Pandemie und Wandel* [online]. Berlin [Zugriff am: 13. Oktober 2023]. Verfügbar unter: https://www.arbeitswelt-portal.de/fileadmin/user_upload/awb_2021/210517_Arbeitsweltbe richt_bf.pdf

RENNERT, D., K. KLINER und M. RICHTER, 2021. Arbeitsunfähigkeit. In: F. KNIEPS, H. PFAFF und B. BAS, Hg. *Krise – Wandel – Aufbruch. Zahlen, Daten, Fakten*. Berlin: Medizinisch Wissenschaftliche Verlagsgesellschaft, S. 83–170. ISBN 978-3-95466-648-5.

ROCK, J., 2019. Der Wert der Wohlfahrt: ein Blick zurück, nach vorn. *spw*, (2), 47–51. spw.

ROTHGANG, H., 2023. Zur Notwendigkeit einer Finanz- und Strukturreform der Pflegeversicherung [online]. *Bundesgesundheitsblatt*, **66**, 498–507. Bundesgesundheitsblatt [Zugriff am: 28. Oktober 2023]. Verfügbar unter: https://doi.org/10.1007/s00103-023-03695-3

SABOROWSKI, N. und J. STEINKE, 2021. "Immer weiter so" funktioniert nicht mehr. *Sozialwirtschaft*, **31**(5), 7–10. Sozialwirtschaft.

SCHÄFER, H., 2017. Entwicklung der Zeitarbeit. In: M.-O. SCHWAAB und A. DURIAN, Hg. *Zeitarbeit. Chancen – Erfahrungen – Herausforderungen*. 2., vollständig überarbeitete und erweiterte Auflage. Wiesbaden: Springer Gabler, S. 3–14. ISBN 9783658156862.

SCHMID, J., 2011. Soziale Dienste und die Zukunft des Wohlfahrtsstaates. In: A. EVERS, R.G. HEINZE und T. OLK, Hg. *Handbuch Soziale Dienste*. Wiesbaden: VS Verlag für Sozialwissenschaften | Springer Fachmedien Wiesbaden, S. 117–144. ISBN 9783531155043.

SCHMITZ, H., 2022. *Entwicklungen in der Sozialwirtschaft. Vortrag auf der DRK Bundesversammlung 19.11.2022*. DRK, 19. November 2022.

SCHRÖDER, W., 2017. *Kollektives Beschäftigtenhandeln in der Altenpflege* [online]. Düsseldorf. Study. 373 [Zugriff am: 29. Oktober 2023]. Verfügbar unter: https://www.boeckler.de/de/faust-detail.htm?sync_id=HBS-06762

SELL, S., 2022. *Die große Vereinte Dienstleistungsgewerkschaft (ver.di) ist tariffähig, sagt das Bundesarbeitsgericht. Auch da, wo sie ganz klein ist: In der Pflegebranche* [online] [Zugriff am: 29. Oktober 2023]. Verfügbar unter: https://aktuelle-sozialpolitik.de/2022/09/18/verdi-und-die-altenpflege/

STADLER, R., 2023. Wie Leiharbeit den Personalmangel in der Pflege verschärft [online]. *SZ Online* [Zugriff am: 27. Mai 2023]. Verfügbar unter: https://www.sueddeutsche.de/politik/leiharbeit-pflege-personalmangel-verscharfen-1.5737426

STADLER, R., 21. Januar 2022. Die Pflegekatastrophe [online]. *Süddeutsche Zeitung* [Zugriff am: 24. Januar 2022]. Verfügbar unter: https://www.sueddeutsche.de/projekte/artikel/politik/die-pflegekatastrophe-e821908/

STADLER, W. und M. MÜHLHAUSEN, 2017. Für allgemeinverbindliche Tarifverträge. Die Löhne in der Sozialwirtschaft müssn steigen. *Blätter der Wohlfahrtspflege*, **164**(6), 213–215. Blätter der Wohlfahrtspflege.

STATISTISCHES BUNDESAMT, 2020. Pflege im Rahmen der Pflegeversicherung – Deutschlandergebnisse – 2019 [online] [Zugriff am: 24. Februar 2022]. Verfügbar unter: https://www.destatis.de/DE/Themen/Gesellschaft-Umwelt/Gesundheit/Pflege/Publikationen/Downloads-Pflege/pflege-deutschlandergebnisse-5224001199004.pdf?__blob=publicationFile

STATISTISCHES BUNDESAMT, 2021a. *Öffentliche Sozialleistungen – Lebenslagen der behinderten Menschen – Ergebnis des Mikrozensus* [online] [Zugriff am: 24. Februar 2022]. Verfügbar unter: https://www.destatis.de/DE/Themen/Gesellschaft-Umwelt/Gesundheit/Behinderte-Menschen/Publikationen/Downloads-Behinderte-Menschen/lebenslagen-behinderter-menschen-5122123199004.pdf?__blob=publicationFile

STATISTISCHES BUNDESAMT, 2021b. *Statistik zur Überschuldung privater Personen. Fachserie 15 Reihe 5* [online]. Wiesbaden [Zugriff am: 12. Januar 2022]. Verfügbar unter: file:///C:/Users/rochaj/AppData/Local/Temp/ueberschuldung-2150500207004-1.pdf

STATISTISCHES BUNDESAMT, 2021c. *Statistiken der Kinder- und Jugendhilfe. Öffentlich geförderte Angebote der Jugendarbeit* [online] [Zugriff am: 15. Februar 2021]. Verfügbar unter: https://www.destatis.de/DE/Themen/Gesellschaft-Umwelt/Soziales/Jugendarbeit/Publikationen/Downloads-Jugendarbeit/angebote-jugendarbeit-5225301199004.pdf?__blob=publicationFile

STATISTISCHES BUNDESAMT, 2022a. *Personal in Pflegeheimen und ambulanten Pflegediensten* [online]. 21. Dezember 2022 [Zugriff am: 16. September 2023]. Verfügbar unter: https://www.destatis.de/DE/ Themen/Gesellschaft-Umwelt/Gesundheit/Pflege/Tabellen/personal-pflegeeinrichtungen.html

STATISTISCHES BUNDESAMT, 2022b. *Statistiken der Kinder- und Jugendhilfe. Einrichtungen und tätige Personen (ohne Tageseinrichtungen für Kinder) – 2020* [online] [Zugriff am: 16. Februar 2022]. Verfügbar unter: https://www.destatis.de/DE/Themen/Gesellschaft-Umwelt/Soziales/Kinderhilfe-Jugendhilfe/ Publikationen/Downloads-Kinder-und-Jugendhilfe/sonstige-einrichtungen-5225403209004.pdf;jsessio nid=A192555CC534146375A4EDD03D219D82.live741?__blob=publicationFile

STATISTISCHES BUNDESAMT, 21 Oktober 2022a, 12:00. *Beschäftigte in Kindertageseinrichtungen* [online] [Zugriff am: 25. Juli 2023]. Verfügbar unter: https://www.destatis.de/DE/Themen/Gesellschaft-Umwelt /Soziales/Kindertagesbetreuung/Tabellen/beschaeftigte-merkmale.html

STATISTISCHES BUNDESAMT, 21 Oktober 2022b, 12:00. *Betreuungsquote von Kindern unter 6 Jahren nach Bundesländern* [online] [Zugriff am: 25. Juli 2023]. Verfügbar unter: https://www.destatis.de/DE/The men/Gesellschaft-Umwelt/Soziales/Kindertagesbetreuung/Tabellen/betreuungsquote.html?nn= 211240

STATISTISCHES BUNDESAMT, 22 Februar 2021, 12:00. *Industrieproduktion im Jahr 2020 um mehr als 10 % gesunken* [online] [Zugriff am: 9. August 2021]. Verfügbar unter: https://www.destatis.de/DE/Presse/ Pressemitteilungen/2021/02/PD21_076_421.html

STEINKE, J. und B. FEHRECKE-HARPKE, 2023. *Leiharbeit in der Pflege: Durchdachte Konzepte sind gefragt* [online]. DRK. Berlin. Brennpunkt Wohlfahrt. 02/2023 [Zugriff am: 27. Mai 2023]. Verfügbar unter: https://drk-wohlfahrt.de/uploads/tx_ffpublication/Brennpunkt_Leiharbeit_230402.pdf

STEINKE, J. und C. PETERS, 2023. *Freiwilligendienste: EinfacheFormel für Engagement und Zusammenhalt* [online]. Brennpunkt Wohlfahrt. 1 [Zugriff am: 17. September 2023]. Verfügbar unter: https://drk- wohlfahrt.de/uploads/tx_ffpublication/230324_Brennpunkt_Wohlfahrt_FSJ_01.pdf

STEINKE, J., N. ZÜNDORF und K. WABROWETZ, 2021. *Jetzt die Weichen für Zusammenhalt stellen: Vorrang für Gemeinnützigkeit im sozialen Sektor!* [online]. Berlin. Brennpunkt Wohlfahrt. 2/2021 [Zugriff am: 23. Juli 2021]. Verfügbar unter: https://drk-wohlfahrt.de/veroeffentlichungen/

STRUCK, O., 2006. *Flexibilität und Sicherheit. Empirische Befunde, theoretische Konzepte und institutionelle Gestaltung von Beschäftigungsstabilität* [online]. Wiesbaden: VS Verl. für Sozialwiss. Forschung Gesellschaft. ISBN 978-3-531-90389-7. Verfügbar unter: http://www.loc.gov/catdir/enhancements/ fy1607/2006499981-b.html

STRUCK, O., M. DÜTSCH, D. FACKLER und C. HOHENDANNER, 2021. *Flexibilitätsinstrumente am Arbeitsmarkt in der Corona-Krise. Eine Einführung in die Podiumsdiskussion.* Jahrestagung 2021 der Deutschen Vereinigung für Sozialwissenschaftliche Arbeitsmarktforschung (SAMF e.V.) – Web-Konferenz, 2021.

SZ ONLINE, 14. September 2022. Ein Bonus, der nie ankam [online]. *Sueddeutsche Zeitung* [Zugriff am: 9. Oktober 2022]. Verfügbar unter: https://www.sueddeutsche.de/politik/bundesrechnungshof- pflegebonus-missbrauch-1.5657147

UNION KRANKENVERSICHERUNG, 2021. *Pflege am Limit – Ist Leiharbeit die Lösung?* [online]. 13. November 2023 [Zugriff am: 13. November 2023]. Verfügbar unter: https://www.ukv.de/content/ krankenversicherung/pflegezusatzversicherung/leiharbeit-in-der-pflege/

US, 24. November 2021. Arbeitsfeld Kindertagesbetreuung.

vdek. *Neuer Leistungszuschlag der Pflegekasse führt zu Entlastungen – deutlich spürbar aber nur bei längeren Heimaufenthalten*, 27.07.22. Berlin [Zugriff am: https://www.vdek.com/presse/pressemitteilungen/ 2022/eigenanteile-pflege-leistungszuschlag-entlastung.html].

VER.DI, o.J. *Mythos Pflegekammer* [online] [Zugriff am: 29. Oktober 2023]. Verfügbar unter: https://gesund heit-soziales-bildung.verdi.de/themen/pflegekammern

WANGER, S. und C. HOHENDANNER, 2024. Luft nach oben bei der Brückenteilzeit. Ergebnisse des IAB- Betriebspanels 2022 zur betrieblichen Verbreitung und zu personalpolitischen Reaktionen. *Sozialer*

Fortschritt: unabhängige Zeitschrift für Sozialpolitik, **73**(1). Sozialer Fortschritt: unabhängige Zeitschrift für Sozialpolitik.

WANGER, S., 2006. *Arbeitszeitpolitik. Teilzeitarbeit fördert Flexibilität und Produktivität* [online]. IAB-Kurzbericht. 7 [Zugriff am: 17. September 2023]. Verfügbar unter: https://doku.iab.de/kurzber/2006/kb0706.pdf?wa=IPGLB18

WEESIE, J., 2000. Seemingly unrelated estimation and the cluster-adjusted estimator. *Stata Technical Bulletin*, **9**(52), 230–257. Stata Technical Bulletin.

WENDT, W.R., 2014. Die Evolution der Wohlfahrtspflege. Ihr Herkommen und ihre Institutionalisierung. In: W.R. WENDT, Hg. *Sorgen für Wohlfahrt. Moderne Wohlfahrtspflege in den Verbänden der Dienste am Menschen*. Baden-Baden: Nomos Verlagsgesellschaft, S. 37–77. ISBN 978-3-8487-1195-6.

WESTERFELLHAUS, A., 2021. Organisationsgrad in der Pflege. Ganz schön ernüchternd. *Klinik Management Aktuell*, **26**(5), 30–34. Klinik Management Aktuell.

WISSENSCHAFTLICHE DIENSTE DES DEUTSCHEN BUNDESTAGS, 2023. *Verfassungsrechtliche Aspekte eines Leiharbeitsverbots in der Pflege vor dem Hintergrund aktueller Entwicklungen* [online]. Deutscher Bundestag. Berlin. WD 6 – 3000 – 038/23 [Zugriff am: 2. November 2023]. Verfügbar unter: https://www.bundestag.de/resource/blob/958228/ab417abdeea088e84e7a4b7a778b8d74/WD-6-038-23-pdf-data.pdf

ZIMMER, A., 2014. Money makes the world go round! Ökonomisierung und die Folgen für NPOs. In: A.E. ZIMMER und R. SIMSA, Hg. *Forschung zu Zivilgesellschaft, NPOs und Engagement. Quo Vadis*. Wiesbaden: Springer VS, S. 163–180. ISBN 978-3-658-06176-0.

ZIMMER, A.E. und R. SIMSA, Hg., 2014. *Forschung zu Zivilgesellschaft, NPOs und Engagement. Quo Vadis*. Wiesbaden: Springer VS. ISBN 978-3-658-06176-0.

8 Anhang: Datengrundlagen und Tabellen

8.1 Die Datengrundlagen

Die wichtigsten Datengrundlagen dieses Buches bilden das IAB-Betriebspanel, das Panel Arbeitsmarkt und Soziale Sicherheit (PASS) und das Betriebs-Historik-Panel (BHP) des IAB sowie das über das DataWareHouse (DWH) verfügbare Statistikangebot der Bundesagentur für Arbeit.

Das **IAB-Betriebspanel (IAB-BP)** ist eine jährliche repräsentative Arbeitgeberbefragung von etwa 15.000 privatgewerblichen Betrieben, gemeinnützigen Einrichtungen und öffentlichen Dienststellen zu betrieblichen Determinanten der Beschäftigung. Die Erhebung wird seit 1993 in Westdeutschland und seit 1996 auch in Ostdeutschland durchgeführt. Sie stellt die zentrale Quelle für Analysen zur Arbeitskräftenachfrage auf dem Arbeitsmarkt in Deutschland dar (Bellmann et al., 2022). Mit dem **Panel Arbeitsmarkt und soziale Sicherung (PASS)** baut das IAB seit 2007 einen zentralen Datensatz für die Arbeitsmarkt-, Armuts- und SGB-II-Forschung in Deutschland auf. Befragt werden in jährlichem Rhythmus zum einen Haushalte, die Transferleistungen beziehen und zum anderen Haushalte der allgemeinen Wohnbevölkerung. In jedem dieser Haushalte wird zunächst mit einer Person ein Haushaltsinterview und anschließend mit jeder Person ab 15 Jahren ein Personeninterview geführt (Altschul et al., 2023). Das **Betriebs-Historik-Panel (BHP)** ist eine Vollerhebung aller Betriebe in Deutschland mit mindestens einem sozialversicherungspflichtig bzw. geringfügig Beschäftigtem. Der Datensatz besteht aus jährlichen Querschnittsdatensätzen ab dem Jahr 1975 für Westdeutschland und ab 1992 für Ostdeutschland. Jeder Querschnitt umfasst alle Betriebe des gesamtdeutschen Raumes, die zur Jahresmitte (Stichtag: 30.6.) in der Beschäftigten-Historik (BeH) der Bundesagentur für Arbeit erfasst sind. Von 1975 bis 1998 sind das alle Betriebe mit mindestens einem sozialversicherungspflichtig Beschäftigten. Ab 1999 zählen zu diesen Betrieben auch solche, die zwar keine sozialversicherungspflichtigen aber zumindest einen geringfügigen Beschäftigten aufweisen. Das Betriebs-Historik-Panel enthält neben den Informationen zum Wirtschaftszweig sowie dem Standort des Betriebes Angaben über die Anzahl der sozialversicherungspflichtig und geringfügig Beschäftigten, sowohl insgesamt als auch aufgeteilt nach verschiedenen Kriterien wie Geschlecht, Alter, Erwerbsstatus, Qualifikation und Staatsangehörigkeit. Darüber hinaus werden Mittelwerte und Mediane des Tagesentgelts der Vollzeitbeschäftigten ausgewiesen (Ganzer et al., 2022).

In den verwendeten Datengrundlagen wird – so weit möglich – eine einheitliche Abgrenzung des sozialen Sektors angestrebt. In der Regel – und dies ist auch hier der Fall – sind repräsentative Großerhebungen und administrative Datensätze nicht auf den konkreten Forschungsgegenstand ausgerichtet und mit jeweils unterschiedlichen Einschränkungen verbunden. Dies beginnt bei den Abgrenzungsmöglichkeiten des sozialen Sektors (Tabelle A 1).

Tabelle A 1: Abgrenzung des sozialen Sektors in den drei Datensätzen.

	Betriebs-Historik-Panel	IAB-Betriebspanel	PASS
Klassifikation	– Sozialwesen (WZ08: 87/88) – + Kindergärten, Vorklassen und Schulkindergärten (WZ08: 851)	– Sozialwesen (WZ08: 87/88) – + Kindergärten, Vorklassen und Schulkindergärten (WZ08: 851)	– Sozialwesen (WZ08: 87/88) – + Berufsgruppe Erziehung, Sozialarbeit, Heilerziehungspflege (KldB2010: 831) – + Berufsgruppe Gesundheits-/ Krankenpflege, Rettungsdienst, Geburtshilfe (KldB2010: 813)
Einschränkungen	– Aktualität: letztes verfügbares Jahr zum Zeitpunkt der Analyse 2019	– WZ08 liegt nicht für alle Betriebe vor. – Hochrechnung nicht auf sozialen Sektor ausgelegt	– WZ08 liegt ab Welle 10 vor. – Einbezug der Branche Kindergärten, Vorklassen und Schulkindergärten nicht möglich – Behelf: Einbezug der Berufsgruppe 831 (siehe oben) – Geringe Fallzahlen
Vorteile der jeweiligen Datenquelle	– Vollerhebung – Beschäftigtenzahlen insgesamt – Information über Löhne – Fluktuationsdynamik (Zu-/Abgänge)	– Informationen über betriebliche Personalpolitik (Personalprobleme, Rekrutierung, offene Stellen, Tarifbindung, Mitbestimmung Erwerbsformen etc.)	– Information über Qualität der Arbeit (Zufriedenheit, Effort-Reward-Balance), – Sozio-demographische Merkmale der Beschäftigten

Weitgehend unproblematisch ist die Abgrenzung des sozialen Sektors nach Wirtschaftszweigen im Betriebs-Historik-Panel. In der administrativen Vollerhebung aller Betriebe in Deutschland ist eine Zuordnung der Betriebe zum sozialen Sektor auf Basis der Wirtschaftszweigklassifikation von 2008 möglich (Tabelle A 2). Im Jahr 2009 sind knapp 65.000 Betriebe dem sozialen Sektor zugeordnet; im Jahr 2021 sind es mit 76.000 gut 10.000 Betriebe mehr, ein überproportionales Wachstum von 18 Prozent gegenüber einem Wachstum von vier Prozent in den übrigen Betrieben. Die Betriebe teilen sich auf in vier quantitativ relativ gleich verteilte Bereiche: Kinderbetreuung, stationäre Heime (Pflege-, Altenheime, sonstige Heime), ambulante Dienste und das sonstige Sozialwesen, das eine große Bandbreite an sozialen Diensten und Angeboten umfasst. Das größte Wachstum bei den betrieblichen Fallzahlen verzeichnen ambulante Angebote, sowohl bezüglich der Pflege älterer Menschen, als auch bei der Kindertagesbetreuung. Stationäre Einrichtungen wie Kindergärten sowie Pflege- und Altenheime verzeichnen hingegen einen Rückgang bzw. ein unterproportionales Wachstum im Vergleich zur übrigen Wirtschaft.

Tabelle A 2: Der soziale Sektor im Betriebs-Historik-Panel (BHP).

	2009	2021	Veränderung in %
Sozialer Sektor	64.678	76.303	18
Kinderbetreuung, davon:	21.981	23.416	7
... Kindergärten, Vorklassen, Schulkindergärten	19.327	18.879	−2
... Sonstiges Sozialwesen (ohne Heime): Tagesbetreuung von Kindern	2.715	4.615	70
Stationärer sozialer Sektor, davon:	15.343	16.442	7
... Pflegeheime	7.791	7.896	1
... Stationäre Einrichtungen zur psychosozialen Betreuung, Suchtbekämpfung u. Ä.	281	454	62
... Altenheime; Alten- und Behindertenwohnheime	4.717	5.201	10
... Sonstige Heime (ohne Erholungs- und Ferienheime)	2.554	2.891	13
Ambulanter sozialer Sektor, davon:	11.406	17.992	58
... Soziale Betreuung älterer Menschen und Behinderter: ambulante soziale Dienste	10.935	15.471	41
... Soziale Betreuung älterer Menschen und Behinderter: Sonstige	471	2.521	435
Sonstiges Sozialwesen a.n.g.	15.948	18.453	16
Übrige Branchen	2.780.482	2.884.685	4
Fehlende Angaben zu Wirtschaftszweigen	310.649	341.168	10
Alle Betriebe	**3.155.809**	**3.302.156**	**5**

Quelle: Betriebs-Historik-Panel 1975–2021_v1, Anzahl der Betriebe 2009 und 2021.

Im **IAB-Betriebspanel** ist die Abgrenzung vor allem mit zwei Restriktionen verbunden. Erstens wird eine Stichprobe von etwa 16.000 Betrieben (von insgesamt über 2,6 Millionen Betrieben) befragt und die Ergebnisse auf die Gesamtheit aller Betriebe in Deutschland hochgerechnet. Die Hochrechnungsfaktoren beruhen jedoch auf einer spezifischen Branchenklassifikation, in der die Branchen nicht unserer Zuordnung des sozialen Sektors entsprechen. Die Hochrechnungsfaktoren sind auf die Branchen „Erziehung und Unterricht" sowie das „Gesundheits- und Sozialwesen" abgestimmt und nicht auf den sozialen Sektor nach unserer Abgrenzung. Die zweite Einschränkung beruht darauf, dass zwar für den überwiegenden Teil, aber nicht für alle Betriebe, Informationen aus der WZ08-Klassifikation auf der detailliertesten Ebene vorliegen.

In den Wellen 2021 und 2022 sind gut 1.200 Einrichtungen dem sozialen Sektor zuzuordnen, 2009 waren es gut 800 Betriebe. Bei etwa tausend Betrieben jährlich fehlt die Angabe zur WZ08-Klassifikation.

Tabelle A 3: Der soziale Sektor im IAB-Betriebspanel.

	2009	2021	2022	2009–2022
Sozialer Sektor	841	1.271	1.226	3.338
Kinderbetreuung, davon:	157	271	248	676
... Kindergärten, Vorklassen, Schulkindergärten	149	228	207	584
... Sonstiges Sozialwesen (ohne Heime): Tagesbetreuung von Kindern	8	43	41	92
Stationärer sozialer Sektor, davon:	356	366	364	1.086
... Pflegeheime	211	212	203	626
... Stationäre Einrichtungen zur psychosozialen Betreuung, Suchtbekämpfung u. Ä.	4	5	4	13
... Altenheime; Alten- und Behindertenwohnheime	96	100	109	305
... Sonstige Heime (ohne Erholungs- und Ferienheime)	45	49	48	142
Ambulanter sozialer Sektor, davon:	121	336	326	783
... Soziale Betreuung älterer Menschen und Behinderter: ambulante soziale Dienste	120	234	237	591
... Soziale Betreuung älterer Menschen und Behinderter: Sonstige	1	102	89	192
Sonstiges Sozialwesen a.n.g.	207	298	288	793
Übrige Branchen	13.712	12.787	12.437	38.936
Fehlende Angaben zu Wirtschaftszweigen	970	1.159	912	3.041
Alle Betriebe	**15.523**	**15.217**	**14.575**	**45.315**

Quelle: IAB-Betriebspanel, Anzahl der befragten Betriebe 2009–2022.

Auch im **Panel Arbeitsmarkt und soziale Sicherung (PASS)** ergeben sich Einschränkungen. Informationen über die WZ08 liegen mit Welle 10 (2016) vor, sodass die Analysen des sozialen Sektors auf die letzten sechs verfügbaren Wellen (2016–2021) beschränkt sind. Zudem stoßen differenzierte Analysen aufgrund der begrenzten Fallzahlen in PASS mit gut 4000 Beobachtungen im sozialen Sektor über sechs Wellen bzw. etwa 600 bis 800 Personen jährlich (Tabelle A 4) an Grenzen. Eine weitere Einschränkung ergibt sich dadurch, dass in der Branche „Erziehung und Unterricht" keine weitere Differenzierung möglich ist und der Bereich der Kindergärten, Vorklassen und Schulkindergärten dem sozialen Sektor nicht über die Branchenvariable zugeordnet werden kann. In diesem Fall wird zusätzlich die Berufsgruppe 831 (Erziehung, Sozialarbeit, Heilerziehungspflege) der Klassifikation der Berufe 2010 (KldB 2010) dem sozialen Sektor zugeordnet. Zudem haben wir uns entschieden, die Berufsgruppe „Gesundheits-/Krankenpflege, Rettungsdienst, Geburtshilfe" quer zur sektoralen Betrachtung in die Analysen aufzunehmen, um angesichts der intensiv geführten Debatte um die Arbeitsbedingungen und Arbeitskräftebedarf in der Pflege ein vollständiges Bild der Pflegeberufe darstellen zu können. Im PASS besteht der soziale Sektor somit aus dem Sozialwesen (WZ08: 87/88), der Berufsgruppe Erziehung, Sozialarbeit, Heilerziehungspflege (KldB2010: 831) sowie der Berufsgruppe Gesundheits-/Krankenpflege, Rettungsdienst, Geburtshilfe (KldB2010: 813) (Tabelle A 4).

Tabelle A 4: Der soziale Sektor im Panel Arbeitsmarkt und Soziale Sicherheit (PASS).

	Übrige Sektoren	Sozialer Sektor	Gesamt	Rest**	Alle Befragten
2016	4390	755	5142	7446	12591
2017	4889	801	5686	7904	13594
2018	4434	766	5196	7933	13133
2019	4102	689	4788	7109	11900
2020	3503	608	5196	6099	10210
2021	4152	672	4788	6444	11268
Sozialer Sektor aufgeschlüsselt nach Berufen (2016–2021):					
Erziehung, Soziale Arbeit, Heilerziehungspflege	0	2005			
Altenpflege	0	843			
Gesundheits- und Krankenpflege	0	811			
Übrige Berufe im sozialen Sektor*	0	618			
Fehlende Berufsangabe	0	14			
Beschäftigte in übrigen Sektoren ohne Berufsangabe	277	0			
Beschäftigte in übrigen Sektoren mit Berufsangabe	25193	0			
Gesamt 2016–2022	25470	4291		42935	72696

Quelle: Panel Arbeitsmarkt und Soziale Sicherheit (PASS), Wellen 10 (2016) bis Welle 16 (2021). Eine Darstellung auf 5-Steller Ebene der WZ08-Klassifikation ist nicht möglich.*Hauswirtschaft, Unternehmensorganisation etc. **Personen ohne Beschäftigung etc. (nicht Teil der Untersuchung).

8.2 Interviews mit Expert:innen

Die Erfahrungen von Arbeit im sozialen Sektor sind regional sehr unterschiedlich und stark von den jeweiligen Versorgungssettings geprägt. So ist zum Beispiel eine Tätigkeit in stationären Einrichtungen in der Regel mit Schichtdienst verbunden, während Beratungsangebote oder ambulante Angebote insgesamt meist regelmäßigere Arbeitszeiten mit sich bringen. Auch die Finanzierungsmechanismen, die von Arbeitsfeld zu Arbeitsfeld sowie auch regional sehr unterschiedlich ausfallen, prägen die Arbeitsbedingungen massiv mit. Wenn eine Finanzierung nur für einzelne Projekte oder für kurze Zeiträume gesichert ist, spiegelt sich das in aller Regel direkt in entsprechend befristeten Arbeitsverträgen wider. Zwar lassen sich deutliche strukturelle Unterschiede zwischen dem sozialen Sektor und anderen, wirtschaftlich ausgerichteten Sektoren aufzeigen; gleichzeitig gestaltet sich der Alltag in den jeweiligen sozialen Berufen zum Teil auch sehr unterschiedlich. Von DER Beschäftigung in DEM sozialen Sektor zu sprechen, würde den

Menschen, aber auch den Einrichtungen, die diesen Sektor ausmachen, nicht gerecht werden. Stattdessen bedarf es einer differenzierten Betrachtung der multiplen Realitäten im Arbeitsfeld, um für Politik und Praxis brauchbare Schlüsse zu ziehen. Eine solche differenzierte Betrachtung hat auf der Ebene von quantitativen Befragungsdaten ihre Grenzen.

Dort, wo wir aus unserer fachpraktischen Erfahrung wissen, dass die uns vorliegenden statistischen Analysen nicht die notwendige Granularität bieten, um den Sektor angemessen zu beschreiben, lassen wir eben jene praktischen Erfahrungen mit einfließen. Hierzu haben wir einerseits eigene Expert:inneninterviews geführt. Andererseits haben wir auf die einschlägige Literatur zurückgegriffen.

8.3 Tabellen

Tabelle A 5: Beschäftigte im Berufsfeld Erziehung und Sozialarbeit in der allgemeinen öffentlichen Verwaltung.

	Erziehung, Sozialarbeit, Heilerziehungspflege gesamt (831)	Kinderbetreuung, -erziehung (8311)	Sozialarbeit, Sozialpädagogik (8312)
2013	15,1	19,3	15,1
2014	15,2	19,4	15,5
2015	15,1	19,1	15,7
2016	14,9	18,7	16,0
2017	15,0	18,6	16,4
2018	15,1	18,7	16,8
2019	15,2	19,0	17,3
2020	15,4	19,2	17,8
2021	15,6	19,5	18,2

Quelle: Datawarehouse der Bundesagentur für Arbeit, eigene Auswertung. Anteil der Beschäftigten in der allgemeinen öffentlichen Verwaltung im Berufsfeld Erziehung und Sozialarbeit an allen Beschäftigten im Berufsfeld Erziehung und Sozialarbeit in Prozent.

Tabelle A 6: Beschäftigte im Berufsfeld Sozialarbeit/Sozialpädagogik im Sektor Erziehung und Unterricht.

	2013	2014	2015	2016	2017	2018	2019	2020	2021
Erziehung und Unterricht (85)	8,8	8,9	8,7	8,5	8,9	8,9	9,3	9,7	10,0
Kindergärten und Vorschulen (851)	1,8	1,9	1,9	1,8	1,7	1,7	1,7	1,7	1,8
Grundschulen (852)	0,7	0,7	0,7	0,7	0,7	0,8	1	1,2	1,3
Weiterführende Schulen (853)	3,4	3,3	3,1	3	3,2	3,3	3,5	3,7	3,8
Tertiärer Unterricht (854)	0,2	0,2	0,2	0,2	0,2	0,2	0,2	0,2	0,2
Sonstiger Unterricht (855)	2,8	2,7	2,8	2,8	3	2,9	2,9	2,9	2,9
Schulen und sonstiger Unterricht gesamt (852–855)	7,1	6,9	6,8	6,7	7,1	7,2	7,6	8,0	8,2

Quelle: Datawarehouse der Bundesagentur für Arbeit, eigene Auswertung, Beschäftigtenanteile in Prozent.

Tabelle A 7: Verteilung der Beschäftigten im Berufsfeld Sozialarbeit/Sozialpädagogik auf ausgewählte Branchen.

	2013	2014	2015	2016	2017	2018	2019	2020	2021
Gesundheits- und Sozialwesen (Q)	59,0	58,8	59,2	59,2	58,5	57,6	56,7	56,4	56,3
Öffentliche Verwaltung, Sozialversicherung, Verteidigung (O)	16,2	16,7	16,9	17,1	17,6	17,9	18,2	18,8	19,3
Erziehung und Unterricht (P)	8,2	8,2	8,1	8,0	8,4	8,3	8,7	9,0	9,4
Sonstige Dienstleistungen (S)	7,4	7,1	6,9	6,9	6,8	6,7	6,6	6,4	6,2
darunter Interessenvertretungen, kirchliche und sonstige Vereinigungen (94)	7,2	7,0	6,8	6,8	6,7	6,6	6,5	6,3	6,1
Übrige Branchen (A-N, R, T, U)	2,0	2,1	2,1	2,1	2,1	2,9	3,2	3,0	2,7
Gesamt	100,00	100,00	100,01	100,00	100,00	100,00	100,00	100,00	100,00

Quelle: Datawarehouse der Bundesagentur für Arbeit, eigene Auswertung, Beschäftigtenanteile in Prozent.

Tabelle A 8: Verteilung der Beschäftigten im Berufsfeld Kinderbetreuun/ -erziehung auf ausgewählte Branchen.

	2013	2014	2015	2016	2017	2018	2019	2020	2021
Erziehung und Unterricht (P)	40,3	40,3	40,1	39,2	39,1	39,1	39,4	39,5	39,4
Gesundheits- und Sozialwesen (Q)	26,8	27,0	28,1	29,3	30,0	30,2	30,0	29,8	29,6
Öffentliche Verwaltung, Sozialversicherung, Verteidigung (O)	19,1	19,0	18,6	18,3	18,3	18,4	18,7	19,0	19,3
Sonstige Dienstleistungen (S)	5,9	5,8	5,6	5,5	5,2	5,1	4,9	4,8	4,8
darunter Interessenvertretungen, kirchliche und sonstige Vereinigungen (94)	5,9	5,7	5,5	5,4	5,2	5,0	4,8	4,7	4,7
Übrige Branchen (A-N, R, T, U)	2,0	2,1	2,1	2,3	2,2	2,2	2,2	2,3	2,3
Gesamt	100	100	100	100	100	100	100	100	100

Quelle: Datawarehouse der Bundesagentur für Arbeit, eigene Auswertung, Beschäftigtenanteile in Prozent; Verteilung der Beschäftigten im Berufsfeld Kinderbetreuung, -erziehung (8311) auf die Branchen der Wirtschaftszweigklassifikation 2008.

Tabelle A 9: Entwicklung der Beschäftigung im sozialen Sektor zwischen 2009 und 2021.

	2008			2021		
	Betriebe	**Beschäftigte**		**Betriebe**	**Beschäftigte**	
		in %	**in 1000**		**in %**	**in 1000**
Stationärer sozialer Sektor (Heime)	24,0	48,7	842	24,0	40,0	1105
Ambulanter sozialer Sektor	17,1	14,7	255	17,1	21,3	589
Kindergärten, Kindertagesbetreuung	34,3	16,6	286	34,3	18,9	521
Sonstiges Sozialwesen a.n.g.	24,6	20	345	24,2	19,8	548
Sozialer Sektor gesamt	100	100	1728	100	100	2764
Wirtschaftsabschnitte nach WZ08 (5-Steller):						
Kindergärten	30,6	15,4	265	24,5	16,1	445
Vorklassen, Schulkindergärten	0,1	0,1	1	0,1	0,0	1
Pflegeheime	12,2	28,1	486	10,3	21,6	597
Stationäre Einrichtungen z. psy. Betreuung, Suchtbekämpfung	0,4	0,7	13	0,6	0,7	20
Altenheime; Alten- und Behindertenwohnheime	7,3	15,8	272	6,8	14	386
Sonstige Heime (ohne Erholungs- und Ferienheime)	4,1	4,1	71	3,8	3,7	102
Soziale Betreuung älterer Menschen und Behinderter: ambulante soziale Dienste ´	16,5	14,3	248	20,3	18,8	520
Soziale Betreuung älterer Menschen und Behinderter: Sonstige	0,6	0,4	7	3,3	2,5	69
Sonstiges Sozialwesen (ohne Heime): Tagesbetreuung von Kindern	3,6	1,1	20	6,00	2,7	75
Sonstiges Sozialwesen a.n.g.	24,6	20	345	24,2	19,8	548
Sozialer Sektor gesamt	100	100	1728	100	100	2764

Quelle: Betriebs-Historik-Panel 1975–2021_v1, Anzahl der Beschäftigten in 1000 und Anteil der Beschäftigten in Prozent, ohne Beschäftigte in Elternzeit.

Tabelle A 10: Erwartete Personalprobleme im Jahr 2022.

	Schwierigkeiten, Fachkräfte zu rekrutieren	Hohe Gehälter	Personalmangel bei einfachen Tätigkeiten	Hohe Krankheits- und Fehlzeiten	Weiterbildungsbedarf	Arbeitszeitkoordinierung	Überalterung	Hohe Personalfluktuation	Zu hoher Personalstand	Sonstige Probleme
Stationärer sozialer Sektor	87,4	59,5	55,6	66,1	42,4	45,2	33,0	34,1	2,9	25,3
Ambulanter sozialer Sektor	81,1	62,8	48,3	50,6	36,6	32,1	26,3	25,7	2,1	13,2
Kindergärten und Kindertagesbetreuung	77,0	28,9	34,5	46,8	47,9	40,7	16,0	21,9	1,2	13,2
Sonstiges Sozialwesen	64,5	36,6	25,6	28,4	28,4	34,7	26,1	16,1	3,1	16,8
Gewinnorientierter sozialer Sektor	77,2	58,3	47,1	45,8	39,0	30,9	18,9	23,7	1,5	17,2
Öffentlicher sozialer Sektor	78,9	13,3	41,4	45,8	35,5	31,7	19,4	24,1	1,7	13,0
Gemeinnütziger sozialer Sektor	76,0	41,8	35,0	46,7	39,0	42,5	28,4	23,5	2,8	16,6
Sozialer Sektor	76,6	45,2	39,5	46,3	38,8	37,8	24,6	23,6	2,3	16,6
Übrige Branchen	61,5	43,1	34,0	22,8	20,8	18,0	17,8	14,7	4,7	9,6
Alle Betriebe	62,3	43,2	34,3	24,1	21,8	19,1	18,1	15,1	4,5	10,0

Quelle: IAB-Betriebspanel 2022, hochgerechnete Werte; Anteile der Betriebe mit dem jeweiligen erwarteten Personalproblem an allen Betrieben in Prozent.

Tabelle A 11: Entwicklung der Personalprobleme seit 2012.

Sozialer Sektor	2010	2012	2014	2016	2018	2022
Schwierigkeiten, Fachkräfte zu rekrutieren	41,1	49,9	48,9	53,2	63,6	76,6
Hohe Gehälter	18,4	20,9	23,4	18,7	16,3	45,2
Personalmangel (bei einfachen Tätigkeiten)*	12,9	23,4	20,2	24,9	36,4	39,5
Hohe Krankheits- und Fehlzeiten	13,0	17,3	16,2	20,2	25,4	46,3
Weiterbildungsbedarf	20,6	19,3	15,1	16,1	14,7	38,8
Arbeitszeitkoordinierung (nur 2022)	.	.	.	.	.	37,8
Überalterung	11,6	11,6	14,3	9,9	14,6	24,6
Hohe Personalfluktuation	6,9	8,5	9,7	9,8	11,6	23,6
Zu hoher Personalstand	4,2	3,2	2,6	1,1	0,8	2,3
Sonstige Probleme	4,8	2,3	3,0	2,8	1,8	16,6

Übrige Branchen	2010	2012	2014	2016	2018	2022
Schwierigkeiten, Fachkräfte zu rekrutieren	25,3	28,5	29,6	34,2	44,3	61,5
Hohe Gehälter	21,4	16,2	18,2	15,4	16,1	43,1
Personalmangel (bei einfachen Tätigkeiten)*	6,3	8,0	9,2	11,1	19,7	34,0
Hohe Krankheits- und Fehlzeiten	4,9	5,5	7,4	7,1	8,9	22,8
Weiterbildungsbedarf	7,6	7,6	8,5	7,3	8,9	20,8
Arbeitszeitkoordinierung (nur 2022)	.	.	.	.	.	18,0
Überalterung	6,2	6,7	7,4	7,8	9,0	17,8
Hohe Personalfluktuation	2,5	3,0	3,8	3,6	5,1	14,7
Zu hoher Personalstand	3,4	2,5	2,3	2,0	1,2	4,7
Sonstige Probleme	2,8	2,5	2,6	2,3	2,7	9,6

Alle Betriebe	2010	2012	2014	2016	2018	2022
Schwierigkeiten, Fachkräfte zu rekrutieren	26,0	29,4	30,5	35,1	45,4	62,3
Hohe Gehälter	21,3	16,4	18,4	15,6	16,1	43,2
Personalmangel (bei einfachen Tätigkeiten)*	6,6	8,6	9,7	11,8	20,6	34,3
Hohe Krankheits- und Fehlzeiten	5,3	6,0	7,8	7,7	9,8	24,1
Weiterbildungsbedarf	8,1	8,0	8,8	7,7	9,2	21,8
Arbeitszeitkoordinierung (nur 2022)	.	.	.	.	.	19,1
Überalterung	6,4	6,9	7,7	7,9	9,3	18,1
Hohe Personalfluktuation	2,7	3,2	4,0	3,9	5,5	15,1
Zu hoher Personalstand	3,4	2,5	2,3	1,9	1,2	4,5
Sonstige Probleme	2,9	2,5	2,6	2,4	2,6	10,0

Quelle: IAB-Betriebspanel, hochgerechnete Werte; Anteile der Betriebe mit dem jeweiligen erwarteten Personalproblem an allen Betrieben in Prozent, Informationen nicht erhoben in ungeraden Jahren sowie im Jahr 2020, *veränderte Abfrage des Items: 2012–2018: „Personalmangel", 2022: „Schwierigkeiten, benötigte Arbeitskräfte für einfache Tätigkeiten zu bekommen".

Tabelle A 12: Altersstruktur im sektoralen Vergleich.

	2008	2009	2010	2011	2012	2013	2014	2015	2016	2017	2018	2019	2020	2021
Kindergärten														
15–34 Jahre	29,1	29,1	29,5	29,6	29,3	29,4	29,9	29,9	30,0	30,3	30,8	31,4	31,9	32,8
35–49 Jahre	43,4	42,0	40,7	39,6	38,9	38,0	36,8	36,0	35,4	34,7	34,2	33,9	33,8	33,8
50–64 Jahre	25,9	27,3	28,3	29,4	30,3	31,2	31,9	32,5	33,0	33,2	33,0	32,6	32,2	31,3
65 und älter	1,6	1,5	1,4	1,4	1,4	1,4	1,5	1,5	1,7	1,9	2,1	2,2	2,1	2,2
Vorklassen, Schulkindergärten														
15–34 Jahre	29,3	30,8	35,5	36,2	33,6	33,6	33,2	30,8	30,2	27,8	27,0	26,7	26,2	27,0
35–49 Jahre	44,4	41,9	37,2	36,2	38,2	37,0	36,3	38,0	36,6	37,3	36,3	35,8	36,8	35,1
50–64 Jahre	25,4	26,0	25,8	26,2	26,8	27,3	28,3	28,8	30,6	32,4	34,2	34,3	34,2	35,2
65 und älter	0,9	1,3	1,5	1,5	1,4	2,1	2,2	2,4	2,6	2,5	2,5	3,2	2,9	2,7
Pflegeheime														
15–34 Jahre	26,9	27,1	27,5	27,6	27,0	26,6	26,3	26,0	25,7	25,8	25,7	25,7	25,8	26,3
35–49 Jahre	42,9	41,2	39,5	38,0	36,7	35,4	34,1	33,2	32,4	31,6	31,0	30,5	30,5	30,4
50–64 Jahre	29,1	30,5	31,8	33,3	35,0	36,5	37,9	38,9	39,8	40,2	40,7	40,9	40,8	40,3
65 und älter	1,1	1,2	1,2	1,2	1,3	1,5	1,7	1,9	2,1	2,3	2,6	2,9	2,9	3,1
Psychiatrische Einrichtungen														
15–34 Jahre	23,3	24,3	24,8	24,8	23,9	24,2	23,9	23,9	24,4	24,8	25,5	25,5	25,3	25,9
35–49 Jahre	46,4	44,2	41,8	39,6	37,7	36,0	34,4	33,2	32,5	31,4	30,8	30,1	29,6	28,9
50–64 Jahre	29,0	30,3	32,3	34,4	36,9	38,0	39,6	40,7	40,4	40,8	40,6	41,1	41,5	41,5
65 und älter	1,2	1,2	1,2	1,2	1,5	1,7	2,1	2,3	2,7	3,0	3,1	3,3	3,6	3,7
Altenheime														
15–34 Jahre	27,8	28,0	28,5	28,5	28,0	27,7	27,2	26,9	26,9	26,9	26,9	27,1	27,2	27,5
35–49 Jahre	42,6	41,0	39,4	37,9	36,7	35,4	34,3	33,4	32,4	31,5	30,9	30,4	30,3	30,2
50–64 Jahre	28,5	29,9	31,0	32,4	34,0	35,5	36,9	38,0	38,7	39,3	39,7	39,7	39,7	39,4
65 und älter	1,1	1,1	1,1	1,2	1,3	1,5	1,6	1,8	2,0	2,2	2,5	2,7	2,8	3,0
Sonstige Heime														
15–34 Jahre	31,2	32,1	32,9	32,8	32,4	32,8	32,8	33,1	33,8	33,7	33,5	33,4	34,1	34,7
35–49 Jahre	42,1	40,2	38,5	37,2	35,9	34,4	33,2	32,2	31,6	30,9	30,2	29,8	29,4	29,2
50–64 Jahre	25,3	26,1	27,1	28,6	30,1	31,1	32,1	32,7	32,4	33,1	33,7	34,1	33,7	33,2
65 und älter	1,4	1,5	1,4	1,4	1,6	1,7	1,9	2,0	2,1	2,3	2,6	2,7	2,8	2,9
Ambulante soziale Dienste														
15–34 Jahre	28,0	27,8	27,9	27,7	26,8	26,5	26,4	26,0	25,8	25,3	25,0	24,6	24,2	24,7
35–49 Jahre	45,3	43,7	42,2	40,6	39,4	38,0	36,7	35,8	35,0	34,4	33,9	33,7	33,6	33,7
50–64 Jahre	25,0	26,6	28,0	29,8	31,6	33,0	34,2	35,2	35,9	36,6	37,1	37,4	37,7	37,1
65 und älter	1,7	1,9	1,9	2,0	2,2	2,4	2,7	3,0	3,3	3,7	4,1	4,4	4,5	4,6
Sonstige ambulante Dienste														
15–34 Jahre	28,8	28,3	26,8	27,6	26,2	25,8	25,2	24,7	24,3	24,1	24,0	23,6	23,0	23,2
35–49 Jahre	43,0	41,8	41,7	39,4	38,1	36,7	35,5	34,9	34,0	33,1	32,2	31,7	31,9	31,7
50–64 Jahre	26,6	28,4	30,3	31,7	34,2	35,7	37,2	38,2	39,3	40,1	40,7	41,2	41,7	41,4

Tabelle A 12 (fortgesetzt)

	2008	2009	2010	2011	2012	2013	2014	2015	2016	2017	2018	2019	2020	2021
65 und älter	1,6	1,6	1,2	1,3	1,6	1,8	2,0	2,2	2,4	2,8	3,1	3,5	3,4	3,7
Tagesbetreuung von Kindern														
15–34 Jahre	31,6	31,7	32,4	33,1	33,4	33,8	34,4	34,9	34,8	34,7	34,5	34,8	34,7	35,7
35–49 Jahre	43,5	42,5	40,8	39,4	38,2	36,8	35,6	34,5	33,5	32,8	32,3	31,9	32,1	32,1
50–64 Jahre	22,9	23,8	24,8	25,7	26,5	27,6	28,1	28,6	29,5	30,3	30,8	30,7	30,6	29,5
65 und älter	2,0	1,9	1,9	1,8	1,9	1,9	1,9	2,0	2,1	2,1	2,4	2,5	2,6	2,7
Sonstiges Sozialwesen														
15–34 Jahre	29,1	28,9	28,4	28,1	26,2	26,0	25,8	26,3	27,2	27,0	26,7	26,7	26,6	27,6
35–49 Jahre	41,4	40,0	39,0	37,8	37,5	36,2	34,9	34,0	33,3	32,7	32,2	32,0	32,1	32,0
50–64 Jahre	27,9	29,5	31,0	32,5	34,4	35,7	37,0	37,2	36,8	37,3	37,8	37,7	37,7	36,7
65 und älter	1,5	1,6	1,6	1,6	1,9	2,0	2,3	2,5	2,7	3,0	3,3	3,6	3,6	3,7
Gesamt														
15–34 Jahre	28,2	28,3	28,5	28,4	27,6	27,4	27,3	27,2	27,4	27,3	27,2	27,3	27,3	27,9
35–49 Jahre	43,0	41,4	40,0	38,6	37,6	36,4	35,2	34,3	33,5	32,8	32,3	31,9	31,9	31,9
50–64 Jahre	27,4	28,9	30,1	31,5	33,1	34,4	35,6	36,3	36,8	37,3	37,6	37,6	37,6	36,9
65 und älter	1,4	1,4	1,4	1,5	1,6	1,8	1,9	2,1	2,4	2,6	2,9	3,2	3,2	3,3

Quelle: Betriebs-Historik-Panel 1975–2021_v1, Anteil der jeweiligen Altersgruppe an allen sozialversicherungspflichtig Beschäftigten in Prozent.

Tabelle A 13: Personalabgänge im sektoralen Vergleich.

	2009	2010	2011	2012	2013	2014	2015	2016	2017	2018	2019	2020	2021	2022
Sozialer Sektor														
Kündigungen durch Beschäftigte	41,8	43,1	42,7	46,2	44,4	42,9	42,3	46,8	44,6	49,6	47,7	45,9	47,6	56,0
Kündigungen durch Arbeitgeber	14,6	13,5	16,7	16,0	15,0	14,7	16,0	15,2	12,1	14,0	14,9	15,7	13,5	13,9
Befristungsende	21,9	22,7	19,4	18,5	20,0	23,6	18,3	15,9	18,5	13,1	13,2	11,9	15,2	8,7
(Vor-)Ruhestand und Erwerbsunfähigkeit	7,5	7,5	9,2	9,3	8,5	7,6	8,5	10,0	8,3	9,5	11,1	11,1	10,8	12,6
Einvernehmliche Aufhebung	4,9	4,4	5,8	4,0	5,2	4,6	4,3	3,7	5,2	6,2	5,1	7,9	6,4	5,0
Ausbildungsende	2,3	1,1	2,2	2,2	3,1	2,8	4,3	1,6	3,0	1,7	1,8	1,4	1,3	1,1
Versetzung innerhalb des Unternehmens	1,5	2,7	0,6	0,8	0,6	1,5	0,7	2,4	1,0	1,3	1,1	0,9	0,6	0,3
Sonstige Gründe	5,6	5,0	3,4	2,9	3,2	2,3	5,4	4,5	7,1	4,5	5,0	4,8	4,5	2,3
Übrige Branchen														
Kündigungen durch Beschäftigte	25,7	30,5	36,7	36,8	36,1	37,9	38,0	39,5	42,1	42,5	44,1	35,9	42,4	47,8
Kündigungen durch Arbeitgeber	30,7	25,4	22,0	23,7	24,2	24,9	23,2	24,2	23,2	22,4	24,6	27,6	21,3	21,5
Befristungsende	18,1	15,8	14,8	14,8	14,4	13,4	12,8	12,5	11,8	10,9	9,9	12,2	10,4	8,1
(Vor-)Ruhestand und Erwerbsunfähigkeit	7,8	9,5	8,5	8,6	8,3	8,2	9,8	8,9	8,3	8,2	8,4	9,3	10,1	9,6
Einvernehmliche Aufhebung	6,4	6,4	7,0	6,2	7,2	6,1	7,3	5,7	6,5	6,2	5,9	7,5	8,1	6,0
Ausbildungsende	3,5	4,3	3,1	3,0	2,7	2,7	2,5	2,4	2,2	2,0	1,8	1,6	2,2	1,6
Versetzung innerhalb des Unternehmens	2,5	3,6	2,8	2,2	2,8	2,7	2,3	1,4	1,5	1,8	1,3	1,2	1,6	1,5
Sonstige Gründe	5,2	4,6	4,9	4,6	4,3	4,2	4,1	5,2	4,3	5,7	3,9	4,7	3,8	3,8
Gesamt														
Kündigungen durch Beschäftigte	26,8	31,4	37,1	37,5	36,7	38,3	38,3	40,1	42,3	43,1	44,4	36,7	42,9	48,7
Kündigungen durch Arbeitgeber	29,6	24,6	21,6	23,1	23,5	24,1	22,6	23,4	22,2	21,8	23,8	26,6	20,5	20,7
Befristungsende	18,4	16,2	15,1	15,1	14,8	14,1	13,2	12,8	12,4	11,1	10,2	12,2	10,9	8,2
(Vor-)Ruhestand und Erwerbsunfähigkeit	7,8	9,3	8,6	8,7	8,3	8,2	9,7	9,0	8,3	8,3	8,6	9,4	10,2	9,9
Einvernehmliche Aufhebung	6,3	6,3	6,9	6,1	7,0	6,0	7,0	5,5	6,4	6,2	5,8	7,5	7,9	5,9
Ausbildungsende	3,5	4,1	3,0	3,0	2,7	2,7	2,6	2,3	2,3	2,0	1,8	1,6	2,1	1,6
Versetzung innerhalb des Unternehmens	2,5	3,5	2,7	2,1	2,6	2,6	2,2	1,5	1,5	1,8	1,3	1,2	1,5	1,4
Sonstige Gründe	5,2	4,6	4,8	4,5	4,2	4,1	4,2	5,2	4,5	5,6	4,0	4,7	3,9	3,6

Quelle: IAB-Betriebspanel, hochgerechnete Werte, Anteil an allen Personalabgängen in Prozent.

Tabelle A 14: Leiharbeit: Beschäftigte mit sozialen Berufen in der Arbeitnehmerüberlassung.

	2013	2014	2015	2016	2017	2018	2019	2020	2021
8 Gesundheit, Soziales, Lehre u. Erziehung	23.804	24.033	26.422	28.504	30.659	33.905	35.276	36.088	39.814
813 Gesundh.,Krankenpfl.,Rettungsd.,Geburtsh.	7.793	7.963	9.125	9.696	11.122	11.997	12.118	13.473	14.639
8130 Berufe Gesundheits-, Krankenpflege (o.S)	6.987	7.125	7.938	8.340	9.584	10.395	10.277	11.318	11.929
81301 Gesundheits-, Krankenpflege (oS)-Helfer	3.268	3.077	3.209	3.348	4.139	4.319	3.377	3.159	3.294
81302 Gesundheits-,Krankenpflege(oS)-Fachkraft	3.719	4.049	4.729	4.992	5.444	6.076	6.900	8.159	8.635
821 Altenpflege	6.067	6.066	6.465	7.091	7.789	8.859	9.393	9.938	11.568
8210 Berufe in der Altenpflege (o.S.)	6.019	6.027	6.431	7.055	7.766	8.840	9.371	9.907	11.369
82101 Altenpflege (o.S.) – Helfer	3.986	3.909	4.145	4.428	4.738	4.945	4.527	4.052	4.582
82102 Altenpflege (o.S.) – Fachkraft	2.032	2.115	2.280	2.620	3.024	3.893	4.843	5.845	6.769
831 Erziehung,Sozialarb.,Heilerziehungspfl.	3.783	3.732	3.826	4.209	4.362	6.680	8.032	7.201	6.613
8311 Berufe i. d. Kinderbetreuung, -erziehung	2.164	2.184	2.260	2.422	2.391	2.376	2.572	2.662	2.995
83111 Kinderbetreuung, -erziehung – Helfer	647	666	669	712	682	640	637	625	673
83112 Kinderbetreuung, -erziehung – Fachkraft	1.517	1.518	1.591	1.709	1.709	1.737	1.935	2.036	2.121
8312 Berufe i. d. Sozialarbeit,Sozialpädagogik	694	567	537	547	502	2.792	3.896	3.026	1.958
83124 Sozialarbeit, Sozialpädagogik – Experte	621	501	462	469	452	2.769	3.867	2.987	1.902
8313 Berufe Heilerziehungspflege, Sonderpäd.	444	493	525	590	658	692	693	696	789
8314 Berufe in der Haus- und Familienpflege	359	347	447	602	757	767	820	765	815

Quelle: DataWarehouse der Bundesagentur für Arbeit, eigene Zusammenstellung, Anzahl der sozialversicherungspflichtig Beschäftigten nach Berufen (KldB 2010) im Wirtschaftszweig Vermittlung und Überlassung von Arbeitskräften. Berufe der KldB 2010 mit weniger als 500 Beschäftigten mit den folgenden Nummern sind nicht aufgeführt: 8134, 8139, 8135, 8138, 82182, 82183, 8219, 83113, 8315, 8319.

Tabelle A 15: Tarifbindung und betriebliche Mitbestimmung im Jahr 2022.

	Tarifbindung	Betriebs- oder Personalrat	Weder Tarifbindung noch Betriebs- oder Personalrat
Anteile an den Beschäftigten in %			
Stationärer sozialer Sektor	63	51	23
Ambulanter sozialer Sektor	51	46	39
Kindergärten und Kindertagesbetreuung	64	54	23
Sonstiges Sozialwesen	62	53	27
Gewerblicher sozialer Sektor	43	15	53
Gemeinnütziger sozialer Sektor	63	58	22
Übrige Branchen	50	42	42
Sozialer Sektor	60	51	28
Gesamt	51	43	41
Anteile an den Betrieben in %			
Stationärer sozialer Sektor	54	31	40
Ambulanter sozialer Sektor	38	15	58
Kindergärten und Kindertagesbetreuung	62	26	36
Sonstiges Sozialwesen	43	18	52
Gewerblicher sozialer Sektor	32	7	66
Gemeinnütziger sozialer Sektor	54	27	41
Übrige Branchen	24	6	74
Sozialer Sektor	49	22	47
Gesamt	25	7	73

Quelle: IAB-Betriebspanel 2022, hochgerechnete Werte.

Tabelle A 16: Subjektive Einschätzung der Gesundheit und Overall Physical Exposure Index (OPI) und im sektoralen Vergleich.

	Körperliche Belastung	Gesundheitszustand[**]	Zufriedenheit mit Gesundheit[***]	N
Erziehung, Sozialarbeit, Heilerziehung	5,23	3,38	7,32	1853
Altenpflege	8,86*	3,17*	6,97*	813
Gesundheits-/Krankenpflege	7,84*	3,36	7,38	782
Übrige Berufe im sozialen Sektor:	5,43	3,04*	6,92*	590

Tabelle A 16 (fortgesetzt)

	Körperliche Belastung	Gesundheitszustand**	Zufriedenheit mit Gesundheit***	N
Sozialer Sektor insgesamt	6,54*	3,31*	7,25	4038
Übrige Branchen	5,09	3,45	7,31	22327
Gesamt	5,27	3,43	7,31	26365

Quelle: PASS 2016–2021, gepoolte Daten, hochgerechnete Mittelwerte. *: 95%-Konfidenzintervalle überlappen sich nicht mit der Referenzkategorie der übrigen Branchen, d. h. die jeweiligen Werte unterscheiden sich signifikant von den Werten der Referenzkategorie**: Subjektive Einschätzung des eigenen Gesundheitszustands (1 = schlecht, 5 = sehr gut); ***: Zufriedenheit mit der eigenen Gesundheit (0 = unzufrieden, 10 = zufrieden).

Tabelle A 17: Betriebsgrößen im sektoralen Vergleich.

	Kleinstbetriebe (1–9)	Kleinbetriebe (10–49)	Mittlere Betriebe (50–249)	Mittlere Betriebe (250–999)	Großbetriebe (1000 +)	Gesamt
Sationärer sozialer Sektor	16,3	35,3	45,6	2,7	0,2	100
Ambulanter sozialer Sektor	28,2	55,4	15,4	1,1	0,0	100
Kinderbetreuung	38,0	55,5	5,8	0,7	0,1	100
Sonstiges Sozialwesen	60,1	26,4	11,4	2,0	0,1	100
Sozialer Sektor	36,3	44,1	18,0	1,5	0,1	100
Übrige Branchen	80,1	16,2	3,1	0,5	0,1	100
Gesamt	79,0	16,9	3,5	0,5	0,1	100

Quelle: Betriebs-Historik-Panel 1975–2021_v1, Anteil der Betriebe nach Betriebsgrößenklassen im Jahr 2021.

Tabelle A 18: Durchschnittslöhne im sektoralen Vergleich.

Durchschnittslöhne insgesamt

	2012	2013	2014	2015	2016	2017	2018	2019	2020	2021
Kindergärten	2779	2855	2925	3013	3132	3219	3312	3399	3460	3515
Vorklassen, Schulkindergärten	2562	2735	2700	2825	3087	3141	3336	3450	3517	3746
Pflegeheime	2605	2680	2735	2804	2864	2951	3027	3131	3219	3329
Psychiatrische Einrichtungen	3223	3270	3302	3383	3412	3498	3626	3678	3768	3861
Altenheime	2648	2740	2812	2885	2947	3038	3117	3232	3329	3434
Sonstige Heime	3077	3168	3221	3309	3368	3465	3553	3681	3746	3824
Ambulante soziale Dienste	2218	2278	2335	2413	2487	2583	2675	2780	2882	3018
Sonstige ambulante Dienste	2878	3006	3051	3161	3206	3280	3382	3474	3538	3611
Tagesbetreuung von Kindern	2443	2522	2607	2709	2824	2921	3012	3115	3177	3263
Sonstiges Sozialwesen	2909	3025	3093	3204	3224	3348	3451	3569	3635	3722

Tabelle A 18 (fortgesetzt)

Durchschnittslöhne insgesamt

	2012	2013	2014	2015	2016	2017	2018	2019	2020	2021
Sozialer Sektor	2681	2764	2825	2910	2978	3073	3161	3265	3345	3440
Übrige Branchen	3355	3449	3537	3627	3689	3782	3891	4003	4035	4143
Gesamt	3331	3424	3511	3601	3662	3754	3863	3975	4007	4114

Durchschnittslöhne bei Geringqualizierten

	2012	2013	2014	2015	2016	2017	2018	2019	2020	2021
Kindergärten	1351	1447	1505	1610	1705	1798	2003	2077	2155	2246
Vorklassen, Schulkindergärten	907	899	641	748	656	707	1170	1185	1298	1611
Pflegeheime	1681	1772	1853	1990	2068	2139	2222	2317	2403	2515
Psychiatrische Einrichtungen	2032	2045	2011	2121	2224	2228	2511	2544	2644	2727
Altenheime	1701	1830	1896	2021	2110	2181	2257	2366	2463	2559
Sonstige Heime	1727	1806	1858	2059	2138	2242	2369	2499	2581	2688
Ambulante soziale Dienste	1553	1674	1749	1833	1931	2019	2106	2210	2287	2421
Sonstige ambulante Dienste	1399	1709	1719	2048	2113	2074	2203	2298	2379	2488
Tagesbetreuung von Kindern	1440	1565	1692	1793	1902	1999	2056	2175	2283	2302
Sonstiges Sozialwesen	1573	1767	1854	2021	2146	2250	2351	2442	2510	2588
Sozialer Sektor	1599	1714	1782	1910	2009	2090	2199	2293	2375	2474
Übrige Branchen	2343	2421	2481	2552	2591	2651	2723	2810	2846	2924
Gesamt	2320	2399	2459	2533	2572	2633	2707	2793	2829	2907

Durchschnittslöhne bei Mittelqualizierten

	2012	2013	2014	2015	2016	2017	2018	2019	2020	2021
Kindergärten	2844	2917	2988	3075	3199	3283	3364	3453	3512	3569
Vorklassen, Schulkindergärten	2566	2675	2715	2874	3036	3154	3129	3301	3396	3620
Pflegeheime	2569	2635	2686	2748	2809	2898	2981	3094	3190	3310
Psychiatrische Einrichtungen	2796	2862	2881	2960	3010	3122	3213	3291	3374	3490
Altenheime	2597	2675	2740	2808	2863	2958	3043	3165	3270	3386
Sonstige Heime	2876	2959	3013	3093	3160	3257	3342	3461	3534	3623
Ambulante soziale Dienste	2164	2223	2287	2369	2444	2542	2640	2751	2861	3006
Sonstige ambulante Dienste	2833	2930	2984	3071	3111	3195	3293	3366	3435	3516
Tagesbetreuung von Kindern	2464	2539	2625	2722	2843	2924	3021	3129	3189	3282
Sonstiges Sozialwesen	2644	2743	2806	2916	2953	3073	3168	3276	3342	3440
Sozialer Sektor	2588	2662	2723	2802	2873	2968	3057	3165	3253	3358
Übrige Branchen	2966	3049	3130	3215	3274	3363	3471	3575	3590	3691
Gesamt	2953	3035	3115	3199	3258	3347	3455	3558	3576	3676

Durchschnittslöhne bei Hochqualizierten

	2012	2013	2014	2015	2016	2017	2018	2019	2020	2021
Kindergärten	3012	3095	3165	3254	3378	3483	3571	3675	3745	3813
Vorklassen, Schulkindergärten	2758	2946	2980	3076	3315	3377	3639	3773	3813	3981
Pflegeheime	3414	3501	3568	3640	3706	3819	3890	4010	4085	4197
Psychiatrische Einrichtungen	3931	3947	3973	4037	4065	4132	4351	4373	4488	4585
Altenheime	3478	3592	3673	3748	3827	3944	4037	4161	4263	4360

Tabelle A 18 (fortgesetzt)

Durchschnittslöhne insgesamt

	2012	2013	2014	2015	2016	2017	2018	2019	2020	2021
Sonstige Heime	3524	3621	3681	3768	3834	3936	4036	4185	4248	4319
Ambulante soziale Dienste	2860	2922	2945	3024	3106	3209	3308	3419	3540	3670
Sonstige ambulante Dienste	3518	3564	3634	3730	3778	3872	4015	4168	4244	4301
Tagesbetreuung von Kindern	2741	2809	2876	2996	3100	3236	3333	3432	3508	3610
Sonstiges Sozialwesen	3503	3608	3675	3770	3774	3895	4005	4141	4223	4318
Sozialer Sektor	3370	3459	3515	3600	3655	3766	3863	3984	4066	4156
Übrige Branchen	5293	5390	5499	5590	5644	5741	5869	5995	6012	6155
Gesamt	5221	5317	5424	5514	5566	5665	5793	5921	5941	6082

Quelle: Betriebs-Historik-Panel 1975–2021_v1.

Tabelle A 19: Dimensionen Qualität der Beschäftigung – Anteile in Prozent.

	Sektorzugehörigkeit		Berufe im sozialen Sektor			
	Übrige Branchen	Sozialer Sektor	Erziehung, Sozialarbeit, Heilerziehung	Altenpflege	Gesundheits-/ Krankenpflege	Übrige Berufe
Intrinsische Arbeitsqualität						
Selten Probleme lösen	18,2	15,5	12,6*	11,8*	14,2	37,8*
Seltens Neues lernen	17,0	9,7*	8,8*	7,5*	5,4*	28,9*
Selten Autonomie	25,2	25,7	22,7	32,4	28,5	21,1
Selten Aufgabenwechsel	28,4	22,9*	22,1*	21,8	23,2	27,7
Einzelitems der Effort-Reward-Imbalance – Belastungen und Belohnungen						
Reward-Dimension						
Anerkennung Vorgesetzte	69,5	71,8	75,5*	73,0	65,7	68,6
Schlechte Aufstiegschancen	59,5	61,2	65,0	50,0*	58,4*	69,1*
Verschlechterung der Arbeitssituation	18,9	28,0*	25,5*	25,4	37,5*	16,9
Arbeitsplatz gefährdet	9,2	7,0	9,4	5,2*	2,8*	11,0
Angemessene Anerkennung der Leistung	68,5	62,1*	65,4	66,5	51,1*	70,3
Berufliches Fortkommen	63,4	62,5	63,7	68,4	58,7	57,4
Angemessener Lohn	59,1	43,0*	48,1*	37,9*	36,4*	44,8*
Effort-Dimension						
Zeitdruck	74,9	73,3	66,0*	85,2*	83,7*	60,2*
Unterbrechungen	58,4	68,7*	65,6*	68,6*	78,7*	56,2
Zunahme Arbeitspensum	64,5	68,5*	61,8	78,8*	78,8*	55,5
Effort-Reward-Imbalance (−1: Effort überwiegt, 0: ausgeglichen + 1: Rewards überwiegen)	−0,04	−0,19	−0,05	−0,21	−0,47	0,00
Soziale Beziehungen im Betrieb						
Konflikt Arbeitszeit	21,8	25,6*	22,8	30,3*	32,0*	12,8*
Konflikt Vereinbarkeit	8,8	9,7	7,7	9,6	13,6*	8,1
Gut mit Kollegen	97,0	94,6	92,9	94,9	96,9	94,8
Ärger mit Chef	9,0	8,9	10,8	6,5	7,8	8,3

Quelle: PASS 2016–2021, gepoolte Daten, hochgerechnete Anteile in Prozent, Beschäftigte im Alter zwischen 15 und 65, ohne Auszubildende, Selbständige und geringfügig Beschäftigte im Hauptberuf.
*: 95%-Konfidenzintervalle überlappen sich nicht mit der Referenzkategorie der übrigen Branchen, d. h. die jeweiligen Werte unterscheiden sich signifikant von den Werten der Referenzkategorie.

8.4 Multivariate Analysen

Für die multivariaten beschreibenden Analysen werden gepoolte, lineare Wahrscheinlichkeitsmodelle (Linear Probability Models, LPM) mit robusten Standardfehlern berechnet. Gegenüber der Berechnung von marginalen Effekten auf Basis von nichtlinearen Modellen haben LPM-Modelle den Vorteil, dass sie leicht zu interpretieren und leichter handhabbar sind. Getrennte Analysen für den sozialen Sektor und die übrigen Branchen ermöglichen es, Unterschiede zwischen den Beschäftigten der Sektoren zu identifizieren. Dazu werden die Ergebnisse aus beiden Schätzungen mithilfe eines generalisierten Hausman-Tests auf der Grundlage einer „Seemingly-Unrelated Cluster-Adjusted Sandwich"-Schätzung (Weesie, 2000) verglichen.

Tabelle A 20: Subjektive Determinanten der Arbeitszufriedenheit.

	(1) Alle Branchen	(2) Sozialer Sektor	(3) Übrige Branchen	Koeffiziententest* (2)-(3)
Konflikte bei Vereinbarkeit zwischen Beruf und Privatleben	−0,890*** (−17,155)	−0,984*** (−6,816)	−0,871*** (−15,821)	
Anerkennung allgemein	0,545*** (−15,322)	0,672*** (−8,131)	0,518*** (−13,121)	2,95*
Anerkennung vom Vorgesetzten	0,641*** (−17,694)	0,553*** (−6,200)	0,654*** (−16,489)	
Arbeitsstelle ist gefährdet	−0,645*** (−12,827)	−0,404*** (−2,945)	−0,693*** (−12,876)	4,40**
Häufige Unterbrechungen	−0,274*** (−9,566)	−0,338*** (−4,615)	−0,261*** (−8,383)	
Häufig großer Zeitdruck	−0,265*** (−8,789)	−0,329*** (−4,445)	−0,252*** (−7,674)	
Häufig Arbeit selbst einteilen	−0,228*** (−7,102)	−0,302*** (−3,761)	−0,221*** (−6,296)	
Konflikte bei Berücksichtigung privater Interessen bei Arbeitszeit	−0,148*** (−4,469)	−0,239*** (−2,943)	−0,126*** (−3,472)	
Gute Aufstiegschancen	0,276*** (−10,162)	0,229*** (−3,428)	0,282*** (−9,496)	
Lohnangemessenheit	0,233*** (−8,246)	0,210*** (−2,947)	0,231*** (−7,543)	
Chancen für berufliches Fortkommen angemessen	0,339*** (−11,032)	0,194** (−2,465)	0,366*** (−11,090)	3,76*

Tabelle A 20 (fortgesetzt)

	(1) Alle Branchen	(2) Sozialer Sektor	(3) Übrige Branchen	Koeffiziententest* (2)-(3)
Häufig im Job dazulernen müssen	−0,173***	−0,201*	−0,162***	
	(−4,537)	(−1,866)	(−3,988)	
Zunahme Arbeitspensum	−0,127***	−0,160**	−0,120***	
	(−4,724)	(−2,315)	(−4,132)	
Häufig schwierige Probleme lösen	0,081**	0,116	0,076**	
	−2,344	−1,371	−2,025	
Häufige Wechsel der Aufgaben	−0,098***	0,047	−0,131***	5,09**
	(−3,317)	(−0,637)	(−4,069)	
Konstante	7,085***	8,012***	6,954***	
	−51,292	−20,478	−47,439	
Observations	21147	3418	17729	
Adjusted R^2	0,273	0,285	0,273	

Anmerkungen: Lineare gepoolte Regressionen. Referenzen: Jahresdummies: 2016. Arbeitszeitmodell: geregelte Arbeitszeiten; Vereinbarte Wochenarbeitszeit: < 35- ≤ 40h. Stellung im Beruf: Mittlere, qualifizierte Angestellte. Alter: unter 25 Jahren. Soziale Berufe: Berufe in übrigen Sektoren. Signifikanzniveau: *** 1 %, **5 %, and *10 %. t/z-Werte in Klammern. Panel Arbeitsmarkt und Soziale Sicherung. *Für den Test auf Gleichheit der Koeffizienten zwischen den getrennten Modellen werden Seemingly Unrelated Regressions geschätzt und auf der Basis Chi²-Tests der einzelnen Variablen durchgeführt. Unterschiede zwischen dem sozialen Sektor und den übrigen Branchen sind mit Ausnahme der wechselnden Arbeitszeiten (3,91*) nicht signifikant. *Arbeitszufriedenheit (0 = unzufrieden/10 = zufrieden).

Tabelle A 21: Objektive Determinanten der Arbeitszufriedenheit.

	(1) Alle Branchen	(2) Alle Branchen	(3) Sozialer Sektor	(4) Übrige Branchen	Koeffiziententest*
	b/t	b/t	b/t	b/t	(3)-(4)
Sozialer Sektor	−0,006 (−0,118)	–	–	–	
Berufe (Referenz: bei Gesamt: übrige Berufe, bei Sozialer Sektor: Erziehung, Sozialarbeit, Heilerziehung)					
Erziehung, Sozialarbeit, Heilerziehung	–	0,069 (0,958)	–	–	
Altenpflege	–	−0,038 (−0,361)	−0,156 (−1,235)	–	
Krankenpflege	–	−0,418*** (−3,610)	−0,435*** (−3,261)	–	
Sonstige Berufe im Sozialsektor	–	0,310*** (2,604)	0,121 (0,820)	–	
Brutto-Stundenlohn tatsächlich (log.)	0,117** (2,379)	0,130*** (2,635)	−0,126 (−0,941)	0,164*** (3,097)	4,83**
Arbeitszeitrahmen (Referenz: Standard-Arbeitszeitmodell)					
Wechselnde Arbeitszeiten	−0,241*** (−5,794)	−0,221*** (−5,335)	−0,288*** (−3,320)	−0,205*** (−4,351)	
Flexibel	0,124*** (2,877)	0,111** (2,573)	0,078 (0,628)	0,104** (2,257)	
Keine Vorgaben	0,352*** (5,984)	0,337*** (5,749)	0,106 (0,601)	0,364*** (5,856)	
Vereinbarte Wochenarbeitszeit (Referenz: mehr als 35h, bis zu 40h)					
≤15h	0,041 (0,406)	0,037 (0,367)	0,070 (0,297)	0,031 (0,279)	
>15h und ≤ 20h	0,144** (2,249)	0,137** (2,160)	−0,142 (−0,942)	0,207*** (3,018)	4,33**
>20h und ≤ 35h	−0,045 (−0,965)	−0,052 (−1,117)	−0,108 (−1,109)	−0,035 (−0,658)	
>40	−0,038 (−0,450)	−0,031 (−0,364)	0,702** (2,149)	−0,049 (−0,567)	3,23*
Befristeter Arbeitsvertrag	−0,201*** (−4,061)	−0,212*** (−4,283)	−0,334*** (−2,979)	−0,192*** (−3,475)	
Leiharbeit	−0,124 (−1,341)	−0,121 (−1,308)	−0,657 (−1,266)	−0,084 (−0,899)	

Tabelle A 21 (fortgesetzt)

	(1) Alle Branchen	(2) Alle Branchen	(3) Sozialer Sektor	(4) Übrige Branchen	Koeffiziententest*
Dauer des aktuellen Jobs (Referenz: 13–36 Monate)					
Bis 6 Monate	0,447***	0,452***	0,685***	0,408***	3,36*
	(8,436)	(8,523)	(5,455)	(7,036)	
7–12 Monate	0,258***	0,259***	0,460***	0,214***	3,69*
	(5,337)	(5,348)	(4,139)	(3,975)	
37–120 Monate	−0,138***	−0,142***	−0,194*	−0,129***	
	(−3,590)	(−3,690)	(−1,932)	(−3,089)	
120 + Monate	−0,286***	−0,274***	−0,601***	−0,216***	7,47***
	(−5,224)	(−5,024)	(−3,975)	(−3,728)	
Konstante	7,039***	7,014***	7,873***	6,933***	
	(45,086)	(44,979)	(17,639)	(41,748)	
Observations	21147	21147	3418	17729	
Adjusted R^2	0,023	0,025	0,056	0,022	

Anmerkungen: Lineare gepoolte Regressionen. Kontrollvariablen: Stellung im Beruf, Geschlecht, Kinder unter 18 Jahren im Haushalt, Partner vorhanden, Alter, Migrationshintergrund, Ostdeutschland. Signifikanzniveau: *** 1 %, ** 5 %, and * 10 %. t/z-Werte in Klammern. Panel Arbeitsmarkt und Soziale Sicherung. Für den Test auf Gleichheit der Koeffizienten zwischen den getrennten Modellen werden Seemingly Unrelated Regressions geschätzt und auf der Basis Chi^2-Tests der einzelnen Variablen durchgeführt. Angezeigt werden nur signifikante Unterschiede.

Tabelle A 22: Subjektive und objektive Determinanten der Stellensuche.

	(1) Gesamt b/t	(2) Gesamt b/t	(3) Sozialer Sektor b/t	(4) Übrige Branchen b/t
Sozialer Sektor	−0,015** (−2,375)	–	–	–
Erziehung, Sozialarbeit, Heilerziehung	–	−0,005 (−0,517)	–	–
Altenpflege	–	−0,023* (−1,949)	−0,017 (−1,132)	–
Krankenpflege	–	−0,025** (−2,069)	−0,018 (−1,233)	–
Sonstige Berufe im Sozialsektor	–	−0,024* (−1,823)	−0,021 (−1,277)	–
Arbeitszufriedenheit*	−0,035*** (−21,047)	−0,035*** (−21,035)	−0,032*** (−8,035)	−0,035*** (−19,467)
Brutto-Stundenlohn tatsächlich (log.)	−0,015** (−2,234)	−0,015** (−2,283)	−0,002 (−0,114)	−0,016** (−2,331)
Lohnangemessenheit	−0,013*** (−2,760)	−0,013*** (−2,753)	−0,004 (−0,360)	−0,014*** (−2,877)
Anerkennung vom Vorgesetzten	−0,020*** (−3,187)	−0,020*** (−3,203)	0,004 (0,285)	−0,024*** (−3,458)
Anerkennung allgemein	−0,016*** (−2,679)	−0,016*** (−2,682)	−0,026* (−1,867)	−0,015** (−2,251)
Chancen für berufliches Fortkommen angemessen	−0,014*** (−2,679)	−0,014*** (−2,678)	−0,008 (−0,660)	−0,016*** (−2,653)
Gute Aufstiegschancen	−0,020*** (−4,831)	−0,020*** (−4,739)	−0,018* (−1,779)	−0,020*** (−4,327)
Häufigkeit schwierige Probleme lösen	−0,001 (−0,263)	−0,001 (−0,229)	0,006 (0,412)	−0,003 (−0,434)
Häufigkeit im Job dazulernen müssen	−0,010* (−1,796)	−0,010* (−1,790)	−0,017 (−1,143)	−0,009 (−1,433)
Häufigkeit, mit der Aufgaben wechseln	−0,001 (−0,177)	−0,001 (−0,191)	0,004 (0,354)	−0,002 (−0,409)
Häufig großer Zeitdruck	−0,002 (−0,319)	−0,001 (−0,244)	0,007 (0,582)	−0,002 (−0,424)
Häufige Unterbrechungen	0,001 (0,139)	0,001 (0,150)	0,015 (1,428)	−0,002 (−0,394)
Zunahme Arbeitspensum	−0,007	−0,006	−0,021*	−0,004

Tabelle A 22 (fortgesetzt)

	(1) Gesamt b/t	(2) Gesamt b/t	(3) Sozialer Sektor b/t	(4) Übrige Branchen b/t
	(−1,460)	(−1,412)	(−1,783)	(−0,879)
Private Interessen bei Arbeitszeit berücksichtigt	−0,004 (−0,756)	−0,004 (−0,712)	0,002 (0,122)	−0,004 (−0,675)
Konflikte bei Vereinbarkeit zwischen Beruf und Privatleben	0,056*** (5,897)	0,056*** (5,903)	0,054** (2,458)	0,056*** (5,339)
Häufigkeit Arbeit selbst einteilen	−0,005 (−1,057)	−0,006 (−1,090)	−0,001 (−0,074)	−0,007 (−1,153)
Arbeitsstelle ist gefährdet	0,105*** (11,002)	0,105*** (10,976)	0,139*** (5,139)	0,100*** (9,875)
Wechselnde Arbeitszeiten	0,011** (1,990)	0,011** (2,053)	−0,008 (−0,738)	0,016** (2,513)
Flexibler Arbeitszeitrahmen	0,013** (2,369)	0,013** (2,361)	0,018 (1,083)	0,014** (2,310)
Keine Vorgaben	0,017* (1,941)	0,017* (1,960)	−0,010 (−0,486)	0,021** (2,312)
Vereinbarte Arbeitszeit ≤15h	0,043*** (3,026)	0,044*** (3,040)	0,017 (0,522)	0,048*** (3,010)
Vereinbarte Arbeitszeit >15h und ≤ 20h	0,026*** (2,987)	0,026*** (3,005)	0,016 (0,848)	0,028*** (2,896)
Vereinbarte Arbeitszeit >20h und ≤ 35h	0,011* (1,742)	0,010* (1,698)	0,015 (1,323)	0,007 (0,935)
Vereinbarte Arbeitszeit > 40	−0,021** (−2,073)	−0,021** (−2,057)	0,007 (0,169)	−0,023** (−2,148)
Befristeter Arbeitsvertrag	0,035*** (4,366)	0,034*** (4,306)	0,019 (1,037)	0,037*** (4,137)
Leiharbeit	0,016 (1,148)	0,016 (1,148)	0,057 (0,651)	0,016 (1,145)

Tabelle A 22 (fortgesetzt)

	(1) Gesamt b/t	(2) Gesamt b/t	(3) Sozialer Sektor b/t	(4) Übrige Branchen b/t
Dauer des aktuellen Jobs (Referenz: 13–36 Monate)				
Bis 6 Monate	0,021**	0,021**	0,014	0,022**
	(2,374)	(2,393)	(0,669)	(2,266)
7–12 Monate	0,015*	0,015*	0,002	0,018*
	(1,845)	(1,831)	(0,096)	(1,949)
37–120 Monate	−0,039***	−0,039***	−0,039***	−0,039***
	(−6,907)	(−6,923)	(−2,994)	(−6,281)
120 + Monate	−0,065***	−0,064***	−0,088***	−0,060***
	(−9,703)	(−9,706)	(−5,246)	(−8,333)
Konstante	0,462***	0,462***	0,382***	0,475***
	(17,883)	(17,869)	(5,651)	(16,970)
Observations	21104	21104	3411	17693
Adjusted R^2	0,134	0,134	0,117	0,137

Anmerkungen: Lineare gepoolte Regressionen. Referenzen: Jahresdummies: 2016. Arbeitszeitmodell: geregelte Arbeitszeiten; Vereinbarte Wochenarbeitszeit: < 35- ≤ 40h. Stellung im Beruf: Mittlere, qualifizierte Angestellte. Alter: unter 25 Jahren. Soziale Berufe: Berufe in übrigen Sektoren. Signifikanzniveau: ***1 %, **5 %, and *10 %. t/z-Werte in Klammern. Panel Arbeitsmarkt und Soziale Sicherung. *Für den Test auf Gleichheit der Koeffizienten zwischen den getrennten Modellen werden Seemingly Unrelated Regressions geschätzt und auf der Basis Chi²-Tests der einzelnen Variablen durchgeführt. Unterschiede zwischen dem sozialen Sektor und den übrigen Branchen sind mit Ausnahme der wechselnden Arbeitszeiten (3,91*) nicht signifikant. *Arbeitszufriedenheit (0 = unzufrieden/10 = zufrieden).

Abbildungsverzeichnis

Tabellenverzeichnis

www.ingramcontent.com/pod-product-compliance
Lightning Source LLC
Chambersburg PA
CBHW061749260326
41914CB00006B/1048

9 783110 747812